# 中国企业创新能力统计监测报告 2020

国家统计局社会科技和文化产业统计司 编

中国统计出版社
China Statistics Press

**图书在版编目（CIP）数据**

中国企业创新能力统计监测报告．2020 / 国家统计局社会科技和文化产业统计司编．-- 北京：中国统计出版社，2020.12

ISBN 978-7-5037-9388-2

Ⅰ．①中… Ⅱ．①国… Ⅲ．①企业创新－研究报告－中国－2020 Ⅳ．①F279.23

中国版本图书馆 CIP 数据核字（2020）第 230035 号

中国企业创新能力统计监测报告—2020

---

作　　者 / 国家统计局社会科技和文化产业统计司
责任编辑 / 李　冲
封面设计 / 黄　晨
出版发行 / 中国统计出版社有限公司
通信地址 / 北京市丰台区西三环南路甲 6 号　邮政编码 /100073
电　　话 / 邮购（010）63376909　书店（010）68783171
网　　址 / http://www.zgtjcbs.com
印　　刷 / 北京画中画印刷有限公司
经　　销 / 新华书店
开　　本 / 710mm×1000mm 1/16
字　　数 / 270 千字
印　　张 / 11.25
版　　别 / 2020 年 12 月第 1 版
版　　次 / 2020 年 12 月第 1 次印刷
定　　价 / 128.00 元

---

# 《中国企业创新能力统计监测报告-2020》编辑部

# 编者说明

近年来，国际政治经济形势日益错综复杂，世界经济发展进入新旧动能转换期，科技创新作为引领经济社会发展和应对重大挑战的重要力量，被世界各国视作实现自身长远发展的重要途径和战略支撑。依靠创新提升自身的综合国力和核心竞争力，走创新型国家发展之路，是许多国家政府共同的选择。我国党和政府高度重视依靠创新驱动发展，特别是党的十八大以来，在以习近平同志为核心的党中央坚强领导下，将“创新驱动发展”提升到了国家战略的高度，提出了“创新、协调、绿色、开放、共享”的新发展理念。党的十九大报告强调，创新是引领发展的第一动力，是建设现代化经济体系的战略支撑。党的十九届五中全会提出“坚持创新在我国现代化建设全局中的核心地位，把科技自立自强作为国家发展的战略支撑”，并将其摆在各项规划任务的首位进行专章部署。这是以习近平同志为核心的党中央站在历史新高度、从战略全局出发作出的重大战略决策，具有重大而深远的意义。

为贯彻党中央、国务院关于创新的指导思想，落实“建立全国创新调查制度，加强国家创新体系建设监测评估”的具体要求，国家统计局、科技部等有关部门分别组织实施了创新调查和监测评价工作，陆续发布了相关领域创新能力监测、评价报告，为反映我国创新发展状况、考察创新驱动战略实施效果，提供了有力的统计支撑。

在国家创新体系中，企业作为科技创新的需求者和受益者、技术创新项目的发起者、科技创新投入主体和创新成果产业化主体，扮演着最为重要的角色。因此，对企业创新能力进行及时全面地监测，可为开展企业创新能力评估提供基础依据，有利于发挥统计指标的引领导向作用，有利于创新驱动发展战略决策在企业层面得到落实。

国家统计局按照建立全国创新调查制度任务分工，依据创新有关理论，在借鉴国内外研究成果的基础上，编撰了企业创新能力监测报告，是国家创新调查制度系列报告的重要组成部分。企业创新能力监测报告构建了全面反映企业创新能力的监测指标体系，整理了最新的相关数据，并收录了国家和部分地区企业科技创新相关的统计分析报告。各项监测指标的基础数据均来自政府部门组织实施的统计调查，包括国家统计局、科技部、国家知识产权局等部门的年度调查数据、有关行政记录等。本报告既可供政府有关部门决策参考，也可作为专家学者进行创新研究的工具书，还可作为社会公众了解我国企业创新情况的读本。

本报告所涉及的全国性统计指标，除特殊注明外，均未包括香港、澳门特别行政区和台湾省数据。报告表中的“#”表示其中的主要项；空格表示该项指标数据不详、不足本表最小单位数或无该项数据。报告所用数据未对因调查方法不同等原因产生的与其他调查的数据差异进行技术处理，也未对因四舍五入产生的误差做配平处理。

# 目　录

## 一、企业创新能力统计监测报告

## 二、监测指标体系及统计数据

### （一）监测指标体系



### （二）监测统计数据

## 附　录

# 企业创新能力统计监测报告 1

# 创新投入持续增长　创新成效有待提升

创新费用是指企业在开展技术创新活动中所发生的各种费用，主要包括内部R&D、外部R&D[①]、软硬件设施及技改、技术引进等支出。据国家统计局对37.8万家规模以上工业企业[②]创新调查结果，2019年我国工业企业创新费用保持较快增长，总量规模已达23184.9亿元；内部R&D支出占比达六成以上，保持较高水平。

## 一、创新投入总量、强度双提升

2019年，我国规上工业企业共投入创新费用23184.9亿元，比上年增长11.1%，延续了稳步较快增长态势（2016年以来年均增幅为9.9%）。从投入强度看，工业企业创新费用与营业收入之比为2.2%，比上年提高0.2个百分点（2016年以来年均提高0.2个百分点）。从支出类型看，内部R&D支出为13971.1亿元，占60.3%；软硬件设施及技改支出为7306.7亿元，占31.5%；技术引进支出为1014.1亿元，占4.4%；外部R&D支出为893亿元，占3.9%。最能体现自主创新能力的内部R&D支出占比较上年（62.1%）略有降低，但仍占六成以上，表明我国工业企业自主创新投入仍保持在较高水平。

与欧盟[③]比较，我国工业企业创新费用呈现以下几个特点。一是总量与欧盟接近。欧盟2016年工业企业创新费用为2236.6亿欧元，按汇率折合人民币约

---

① R&D即研究与试验发展。内部R&D支出指企业内部为实施R&D活动而实际发生的全部经费，外部R&D支出指企业委托其他单位或与其他单位合作开展R&D活动而转拨给其他单位的全部经费。

② 规模以上工业企业指年主营业务收入达2000万元及以上的工业企业，下文简称规上工业企业或工业企业。

③ 欧盟创新调查（CIS）数据来源于欧盟统计局（EUROSTAT）网站，最新数据报告期为2016年，范围为欧盟28国（含英国）。

1.64万亿元，我国同期为1.75万亿元，与欧盟的比例约为1.06∶1[①]。二是增速明显高于欧盟。近年来我国工业企业创新费用增速均在10%左右，而欧盟约为5%左右。三是结构与欧盟相似。欧盟工业企业创新费用中，内部R&D占56.4%，超过半数；其次是软硬件设施及技改(28.3%)、外部R&D(13.5%)和技术引进(1.8%)。详见下表。

表　我国与欧盟工业企业创新费用

| | 年份 | 工业企业创新费用合计(亿元) | 四类支出占比(%) | | | |
|---|---|---|---|---|---|---|
| | | | 内部R&D | 外部R&D | 软硬件设施及技改 | 技术引进 |
| 中国 | 2019 | 23184.9 | 60.3 | 3.9 | 31.5 | 4.4 |
| | 2016 | 17479.2 | 62.6 | 3.5 | 30.0 | 3.9 |
| 欧盟 | 2016 | 16422.6 | 56.4 | 13.5 | 28.3 | 1.8 |

注：欧盟创新费用按当年汇率折算为人民币。

## 二、创新费用分布特点

### (一)大型企业更加重视创新

分规模看，2019年大型工业企业创新费用为12701.3亿元，占全部规上工业的54.8%，中型和小型企业分别占20.7%和24.6%；平均每家大型企业创新费用为15481.9万元，是中小企业的54.6倍。从投入强度看，大型企业平均创新费用与营业收入之比为2.8%，高于中小企业1.7%的水平。但从增速看，中小企业创新费用比上年增长13.9%，高于大型企业的9%。

### (二)内资企业是创新投入的主体

分登记注册类型看，2019年内资工业企业创新费用为18570.8亿元，占80.1%，远高于港澳台商投资企业(7.7%)和外商投资企业(12.2%)。从投入强度看，内资企业(2.2%)略高于港澳台商投资企业(1.9%)和外商投资企业(2.0%)。从增速看，内资企业创新费用比上年增长12.5%，高于港澳台商投资企业(4.4%)和外商投资企业(7%)。但从平均水平看，平均每家内资企业创新费用555.7万元，低于港澳台商投资企业(888.5万元)和外商投资企业(1204.4万元)。

---

① 欧盟创新费用含人员培训、外观设计、广告宣传等其他费用，我国暂未统计。为统一比较口径，本文欧盟创新费用取主要的四类支出之和。

### (三)创新投入的行业集中程度较高

分行业大类看,2019 年创新费用超过 1000 亿元的工业行业有 7 个,分别是计算机、通信和其他电子设备制造业(4197.9 亿元),汽车制造业(2787.3 亿元),电气机械和器材制造业(1947.8 亿元),黑色金属冶炼和压延加工业(1892.5 亿元),化学原料和化学制品制造业(1379.3 亿元),通用设备制造业(1162.6 亿元)和专用设备制造业(1045.9 亿元),7 个行业合计占全部工业行业的 62.2%。从投入强度看,较高的行业依次为铁路、船舶、航空航天和其他运输设备制造业(5.4%),仪器仪表制造业(4.3%),医药制造业(4.1%),计算机、通信和其他电子设备制造业(3.8%),汽车制造业(3.5%)和专用设备制造业(3.5%)。

### (四)东部地区创新费用超六成

分地区看,2019 年我国东、中、西部地区工业企业创新费用分别为 15276.5 亿元、5131.6 亿元和 2776.8 亿元,分别比上年增长 6%、23.7%和 20.8%;其中,东部地区占全国比重达 65.9%。分省(市)看,创新费用超过 1000 亿元的有广东(4556 亿元)、江苏(3148.3 亿元)、浙江(1798.5 亿元)、山东(1680 亿元)和上海(1240.2 亿元)5 个地区,合计占全国的 53.6%。

## 三、值得关注的问题

### (一)单位创新投入成效有所下滑

新产品销售收入是反映创新产出的重要指标,新产品销售收入与创新费用之比可在一定程度上反映企业创新的投入产出效率。2019 年,规上工业企业每投入 1 元创新费用带来的新产品销售收入为 9.1 元,比上年减少 0.3 元,表明创新费用单位投入成效有所下降。从地域上看,中部和西部地区均出现下降,单位投入的新产品产出分别从 10.1 元和 6.8 元下降到 9.0 元和 6.3 元;东部地区为 9.7 元,保持不变。

### (二)企业创新合作程度仍显不足

创新费用中外部 R&D 占比可在一定程度上反映企业与外部单位合作开展创新活动的程度。与欧盟国家普遍在 10%以上的水平(如德国 12.7%,法国 20.5%)相比,我国工业企业外部 R&D 支出占创新费用比重从未超过 5%,明显偏低,表明企业创新合作开展不够充分,影响创新资源的利用效率和创新成果的转移转化水平。

### (三)地区间创新投入存在不平衡

从各地区创新费用分布看,东强西弱的格局仍较明显。从平均投入看,东、中、西部地区平均每家企业创新费用分别为 662.6 万元、547.3 万元和 519.9 万元；从投入强度看，东、中、西部地区创新费用与营业收入之比分别为 2.4%、2.0%和 1.6%；从自主创新投入水平看，东、中、西部地区内部 R&D 占创新费用比重分别为 61.9%、57.7%和 56%。西部地区实现创新跨越式发展仍面临较大挑战。

近年来，随着创新驱动发展战略持续深入推进，我国创新投入不断增加，创新费用保持较快增长，为创新实力稳步提升提供了稳定支持和有力保障。但也应看到，创新投入在效率、结构等方面犹存不足，自主创新能力欠缺、关键核心技术存在短板等问题仍较突出；面对美国等西方国家封锁打压、新冠疫情全球蔓延等不利影响，我国创新发展面临的环境将更加严峻。为此，我们要进一步加强顶层设计和统筹协调，加大财政支持力度，完善政策支撑体系，为创新引领发展打造良好环境。

（撰稿人：李胤）

# 制造业创新活跃度进一步提升

据国家统计局对35.4万家规模以上制造业企业①创新调查结果，2019年我国制造业企业中开展技术创新活动②企业快速增长，占比首次超过半数，创新投入稳步较快增长，创新发展成果进一步显现；但创新成功率下降、产出成效下滑、产学研合作弱化等问题应予以关注。

## 一、技术创新活跃度提升，创新企业占比首次过半

### （一）开展技术创新活动企业占比首次过半

2019年，开展技术创新活动的制造业企业快速增加，达18.3万家，比上年增长16.1%；占制造业企业比重达51.7%，比上年大幅提高7.0个百分点，占比首次突破50.0%大关，企业创新活跃度又迈上一个新台阶（见下图）。

分规模看，大型企业创新活跃度最高，但中小企业提升速度更快。2019年，大型企业中开展技术创新活动企业占比为85.0%，比中小企业平均水平高34.0个百分点；中小企业中开展技术创新活动企业占比为51.0%，比上年提高7.2个百分点，增幅比大型企业高7.0个百分点。

分登记注册类型看，内资企业创新活跃度仍低于港澳台商企业和外资企业，但差距有所缩小。2019年，内资企业中开展技术创新活动企业占比为51.4%，与港澳台商企业和外资企业的差距分别由上年的6.6个和5.4个百分点缩小到3.3个和1.9个百分点。

---

① 规模以上制造业企业指年主营业务收入达2000万元及以上的制造业企业，下文简称制造业企业。

② 技术创新是产品创新和工艺创新的统称。技术创新活动是R&D活动以及为实现技术创新而进行的活动的总称。

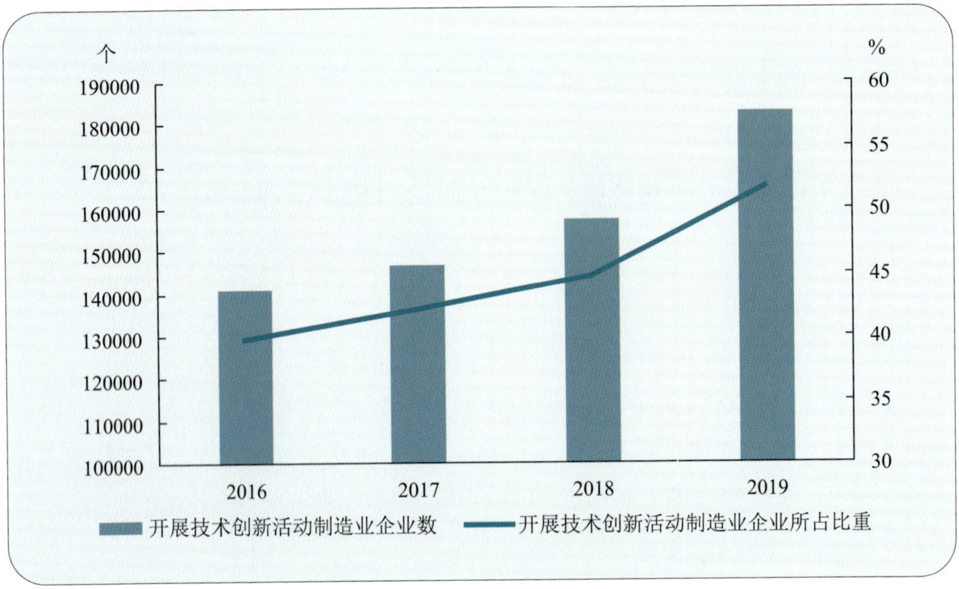


图　开展技术创新活动制造业企业数及占比

### (二)企业技术创新成功率保持在八成以上

2019年,在开展技术创新活动的制造业企业中,有15.1万家成功实现了技术创新,创新成功率为82.5%,保持在八成以上的较高水平。分规模看,规模越大的企业创新成功率越高,大型、中型和小型技术创新活动企业中成功实现创新的企业占比分别为93.5%、89.5%和80.8%。

## 二、创新费用保持较快增长,投入规模首破2万亿元

### (一)创新投入总量、强度双提升

2019年,制造业企业共投入技术创新费用22231.3亿元,比上年增长11.8%,延续了较快增长态势(2016年以来年均增幅为10.2%)。从投入强度看,制造业企业创新费用与营业收入之比为2.4%,比上年提高0.2个百分点(2016年以来年均提高0.3个百分点)。

### (二)自主创新投入占比超六成

从支出类型看,企业内部R&D支出为13538.5亿元,占创新费用合计的60.9%;软硬件设施及技改支出为6861.4亿元,占30.9%;技术引进支出为1002.6亿元,占4.5%;外部R&D支出为828.8亿元,占3.7%。最能体现自主创新能力的内部R&D支出占比较上年(63.0%)有所降低,但仍占六成以上,表明我

国制造业企业自主创新投入仍保持在较高水平。

## 三、自主创新占据主导地位，创新合作广泛开展

### （一）创新活动形式聚焦自主研发

2019年，在实现产品创新的制造业企业中，高达91.5%的企业独立开发了新产品；在实现工艺创新的制造业企业中，有86.1%的企业独立开发了新工艺；这两个比重分别比上年提高1.2个和1.3个百分点。从创新活动形式看，在开展技术创新活动企业中，自主开展R&D活动的企业占比为69.4%，比上年提高4个百分点；获得软硬件设施及技改进行创新的企业占66.8%，以开展相关培训、设计和市场推介等形式进行创新的企业占34.4%、19.3%和16.9%。

### （二）创新合作广泛开展

2019年，在开展技术创新活动的制造业企业中，有63.9%的企业与其他企业或机构开展了创新合作。其中，与客户（消费者）和供应商合作的企业最多，占创新合作企业的比重分别为47.7%和40.8%。

## 四、创新产出能力提升，国际市场竞争力增强

### （一）新产品销售收入突破20万亿元

2019年，制造业企业实现新产品销售收入21万亿元，首次突破20万亿元大关，比上年增长7.6%；占营业收入的比重为22.2%，比上年提高1.1个百分点。从产品新颖度看，达到国际市场新的产品销售收入为2.7万亿元，所占比重为12.7%；达到国内市场新的产品销售收入为7.2万亿元，所占比重为34.4%；上述两类新产品收入占比合计为47.1%，比上年提高2.3个百分点。

### （二）新产品出口增速加快

2019年，制造业企业实现新产品出口额3.9万亿元，比上年增长8.2%，增速较上年同期提高4.7个百分点；占新产品销售收入的比重为18.7%，比上年提高0.1个百分点。全国实现新产品出口的制造业企业达3.3万家，大幅增长26.4%；占全部制造业企业的比重为9.3%，比上年提高1.9个百分点。

## 五、企业技术创新仍有不足，存在问题应予关注

### （一）企业创新成功率有所下降

2019年，制造业企业技术创新成功率虽保持在较高水平，但与上年相比仍下降了3.3个百分点；成功实现产品创新和工艺创新的企业占开展技术创新活动企

业的比重分别为65.2%和69.2%，也分别比上年下降2.8个和1.6个百分点。从企业对创新失败的容忍度看，有31.0%的企业存在中止或失败的技术创新活动，比上年降低0.6个百分点，企业整体容忍创新失败能力略有下降。

## （二）企业创新投入产出成效持续下滑

从企业技术创新投入产出效率看，2019年，制造业企业新产品销售收入与创新费用之比为9.4∶1，投入单位创新费用所带来的新产品销售收入比上年减少0.4元，比2017年减少1.0元。创新投入产出成效有持续下滑趋势，创新费用投入的增加未能带来新产品销售收入的有效增长。

## （三）产学研合作水平有弱化趋势

在2019年开展创新合作的制造业企业中，进行了产学研合作的企业占比为36.5%，比上年降低2.8个百分点，比2017年降低5.2个百分点；其中，与高等学校和研究机构合作的企业占比分别为29.5%和16.5%，分别比上年下降2.0个和2.1个百分点。从合作形式看，通过联合设立研发机构建立长期合作关系的企业占比为34.6%，比上年下降1.1个百分点，比2017年下降2.4个百分点。

综上，随着创新驱动发展战略和《中国制造2025》计划的深入推进，我国制造业企业技术创新持续活跃，创新投入稳步增加，创新成果不断涌现，为创新型国家建设提供了有力支撑；但同时一些新老问题的存在也给我国创新发展带来了诸多挑战。面对美国等西方国家封锁打压、新冠疫情全球蔓延等不利影响，要进一步强化制度设计，抓好政策落实，加大支持力度，完善长效机制，创造良好环境，为企业创新发展提供强大动力和坚强保障。

（撰稿人：李胤）

# 企业 R&D 活动再上台阶<br>四方面难题有待破解

工业作为实体经济的支柱产业，是推动经济高质量发展的基础和关键。据对全国 37.8 万家规模以上工业企业（以下简称工业企业）的调查，2019 年我国工业企业 R&D 活跃度大幅提升，经费投入持续扩大，政策支持力度加强，并呈现区域赶超步伐加快等新特点；但基础研究薄弱、资金渠道单一、高端人才短缺、专利保护不足等难题仍待破解。

## 一、R&D 活动发展势头良好，投入水平不断提高

### （一）企业 R&D 活跃度大幅提升，R&D 企业占比创新高

2019 年，全国有 12.9 万家工业企业开展了 R&D 活动，比上年增长 23.3%；占工业企业的比重为 34.2%，比上年提高 6.2 个百分点，提升幅度为近年来最高，R&D 企业占比达到历史新高。其中，全国共有 8.1 万家工业企业连续两年开展了 R&D 活动，比上年增长 16.3%；占工业企业的 21.4%，比上年提高 2.8 个百分点，企业持续创新能力有所提升。

企业 R&D 活跃度提升的背后，是企业创新理念的不断培植。企业创新调查结果显示，2019 年，有 38%的企业家认为创新对企业的生存发展起到重要作用，占比较上年提高 8.2 个百分点。

### （二）R&D 投入力度加大，总量及强度实现“双提升”

2019 年，工业企业共投入 R&D 经费 13971.1 亿元，比上年增长 7.8%；R&D 经费投入强度（R&D 经费与营业收入之比）达 1.31%，比上年提高 0.08 个百分点。

分企业规模看，中小企业增长相对更快。2019 年，中小工业企业投入 R&D 经费 7233.2 亿元，比上年增长 13.7%，增速较同期大型工业企业高 11.5 个百分点；R&D 经费投入强度为 1.17%，比上年提高 0.12 个百分点，提升幅度比大型工

业企业高0.05个百分点。分产业看，高技术制造业企业R&D经费投入3804亿元，增长6.9%；R&D经费投入强度为2.41%，提高0.14个百分点。

**表　2019年工业企业R&D活动情况**

| 项　　目 | R&D企业 | | R&D经费 | | R&D经费投入强度（%） |
|---|---|---|---|---|---|
| | 企业数（家） | 占同类企业比重（%） | 总量（亿元） | 增长（%） | |
| 工业企业 | 129198 | 34.2 | 13971.1 | 7.8 | 1.31 |
| # 大型 | 5607 | 68.3 | 6737.9 | 2.2 | 1.50 |
| 中小型 | 123591 | 33.4 | 7233.2 | 13.7 | 1.17 |
| # 高技术制造业 | 20465 | 57.1 | 3804.0 | 6.9 | 2.41 |

### （三）政策支持力度继续加强，企业享受更多红利

一系列政策的落实落细使工业企业享受到更多的政策红利。2019年，工业企业R&D经费中来自各级政府部门的资金为574.8亿元，比上年增长35.8%；平均每家企业享受资金支持44.5万元，比上年提高4.1万元。享受研发费用加计扣除减免税政策的工业企业数达5万家，比上年增长43.2%；受惠企业共减免所得税1399.7亿元，增长58.8%。

### （四）环保项目广泛实施，高耗能行业走在前列

2019年，全国工业企业共实施各类环保研发项目6.8万项，比上年增长17.8%；投入项目经费1704亿元，增长17%。分行业看，工业41个行业大类均不同程度地开展了环保类项目的研发。其中，项目经费过百亿元的行业大类有5个，分别为化学原料和化学制品制造业、非金属矿物制品业、黑色金属冶炼和压延加工业、有色金属冶炼和压延加工业及电器机械和器材制造业。

### （五）东部地区稳居主体地位，区域追赶态势正在形成

从总量看，2019年，我国东部地区工业企业R&D经费为9453.6亿元，约为中、西部经费合计的2.1倍；占全国工业企业R&D经费的比重达67.7%，继续保持工业企业R&D投入的主体地位。

与此同时，科技创新正成为中、西部地区“进位赶超”的新引擎。2019年，我国中、西部地区工业企业R&D经费分别较上年增长14.6%和13.4%，增速较东部地区高9.5个和8.3个百分点，区域追赶态势正在加紧形成。

## 二、创新产出量质并举，支撑作用明显增强

### （一）专利申请保持稳定，创新支撑作用明显

专利是企业技术创新实力的集中体现。2019 年，工业企业共申请专利 106 万件，比上年增长 10.7%，增速连续 4 年保持两位数的增长；其中，申请发明专利 39.9 万件，比上年增长 7.3%，占全部专利申请的 37.6%。2019 年，在有专利申请的工业企业中，90.6%的企业实现了技术创新，远高于无专利申请企业 26.5%的占比。

专利活动加快了企业技术升级和产品更新换代，提升了企业营收效益。2019 年，有专利申请的工业企业平均实现营业收入和利润分别为 6.3 亿元和 4258.6 万元，分别是无专利申请企业的 3.5 倍和 4.1 倍。

### （二）新产品销售持续增长，产销结构得到改善

2019 年，全国工业企业共实现新产品销售收入 21.2 万亿元，比上年增长 7.6%，增速较上年提高 4.7 个百分点；占营业收入的比重为 19.9%，比上年提高 1.4 个百分点。分企业规模看，大型企业结构更优。2019 年，大型工业企业新产品销售收入占营业收入的比重为 26.4%，比上年提高 1.2 个百分点；同期中小企业这一占比为 15.2%。

## 三、短板弱项仍较突出，四方面难题有待破解

### （一）基础研究薄弱，持续发展根基不牢

基础研究是科技创新的根本之源，是提升企业原始创新能力和国际科技竞争力的重要基石，也是解决“卡脖子”技术的关键所在。2019 年，我国工业企业用于基础研究的经费共计 33.1 亿元，比上年增长 44.1%，增速虽为近年来最高，但仍未改变基础研究“三低”的特点。一是总量低，工业企业基础研究经费仅占全部 R&D 经费的 0.24%。二是占比低，工业企业基础研究占全社会基础研究总量的比重为 2.5%，这一占比仅为美国的十分之一。三是意愿低，在资金相对充裕的大型工业企业中，开展基础研究的企业占比也不足 5%，多数企业不愿将资金投入在风险高、短期难于见效的基础研究上。

### （二）资金筹措渠道单一，多元化投入格局尚未形成

资金是企业开展 R&D 活动的必要条件。从经费结构看，我国工业企业 R&D 资金来源过于单一。2019 年，工业企业 R&D 经费中来自企业的资金占比高达 95.8%；政府资金和其他资金的占比分别仅为 4.1%和 0.1%。

资金紧张、融资困难是影响企业创新的重要因素。企业创新调查结果显示，2019年，因缺乏风险投资和银行贷款等外部资金支持导致创新受阻的工业企业约为8万家，占调查企业的25.9%。

### （三）高端人才缺乏，薪酬水平偏低

高素质人才是企业实现技术创新的核心要素。近年来，我国企业R&D人员队伍规模不断壮大，但人员素质未能实现同步提升。2019年，工业企业R&D人员中博士、硕士毕业的人员为43万人，比上年增长1.5%，低于R&D人员平均增速；占全部R&D人员的比重仅为9.7%，比上年下降0.2个百分点，连续3年出现下滑。

薪酬是企业吸引人才、调动R&D人员积极性和创造性的重要手段。从工业企业R&D经费构成看，2019年，我国工业企业R&D人员劳务费占企业R&D投入的比重为29.6%，与日本（39.8%）、德国（60.4%）等工业强国差距较大。从人均薪酬看，我国工业企业R&D人员人均劳务费为13.1万元/人年，日本和德国的平均水平分别是我国的4.6倍和6.4倍。

### （四）科技成果转化不足，专利保护仍存短板

专利实施率直观体现了企业的科技成果转化成效。截至2019年底，工业企业在有效期内的发明专利为121.8万件，其中，未被实施的专利数为49.8万件，占比超过四成。分企业规模看，中小企业专利实施率更低，为55.8%，比大型企业低7.7个百分点。

加强对企业专利成果的保护能切实保障企业利益，提高企业研发积极性，对促进产业良性发展至关重要。2019年，我国工业企业中，因本企业创新成果易被“山寨”而阻碍企业创新的企业占比为8.1%；其中，在技术相对密集的专用设备制造业、仪器仪表制造业等行业中，这一占比均在15%左右。从政策实施效果看，调查企业中有49.2%的企业未享受到目前知识产权保护的相关政策或认为政策效果不明显。

目前国际经济形势复杂多变，美国科技霸凌主义与制造业回流政策日渐盛行，我国企业必须改变对国外技术过度依赖的状况，坚定不移地走自主创新之路，握牢“技术自研自有”这一核心竞争力。一要借助国家重点实验室的布局，着手在北上广深杭等高端人才相对聚集、创新氛围更加浓厚的地区，围绕生命健康、人工智能等领域，努力打造一批能与谷歌X实验室、亚马逊大挑战实验室等比肩的前沿科技阵地。二要积极营造创新投资氛围，引导银行、基金、风投等金融市场主体优化投资理念，形成多元化创新投资格局。三要持续完善创新激励机制，在进一

步落实好科研人员激励政策的基础上，充分发挥政府激励和市场激励两方面作用，引导高端人才向企业聚集，为加快提升企业创新能力奠定人才基础。四要进一步提高对专利等科技成果司法保护的广度和深度，加大打击知识产权侵权行为，着力解决被侵权企业反映较多的举证难度大、维权成本高、诉讼周期长等问题，为创新活力与潜力的释放保驾护航。

（撰稿人：焦智康）

# 小微创新企业占比不足两成 创新困境有待突破

根据国家统计局对规模以下工业和服务业企业（以下简称小微企业）[①]进行的抽样调查，2019年我国小微企业中开展创新活动的企业占比为17.6%，高新技术企业和服务业企业创新表现亮眼，合作创新和持续创新意愿进一步增强，但仍面临资金、人才、政策等多重因素制约。当前新冠肺炎疫情将给小微企业创新发展带来新的挑战，需持续加以关注。

## 一、创新企业占比不足两成，重点行业相对活跃

2019年，在6.7万家有效调查样本中，有1.2万家小微企业开展了创新活动，所占比重为17.6%，这一比例远低于规上企业40.8%的水平。与规上工业创新活跃度（创新企业占比为52.4%）明显高于服务业（占比为29.4%）的特点不同，小微工业创新企业的占比为17.0%，低于服务业18.1%的水平。

从重点领域看，高新技术企业创新活跃，2019年开展创新活动的小微高新技术企业占比高达76.6%，是小微企业平均水平的4.4倍。分行业看，信息传输、软件和信息技术服务业，科学研究和技术服务业创新活跃性相对较高，2019年，上述两个行业小微创新企业占比分别为27.7%和24.3%，均明显高于小微企业平均水平。

---

① 规模以下企业指年主营业务收入2000万元以下的工业企业和年末从业人员50人以下并且年营业收入1000万元以下的服务业企业，均为小型或微型企业，本文简称小微企业。

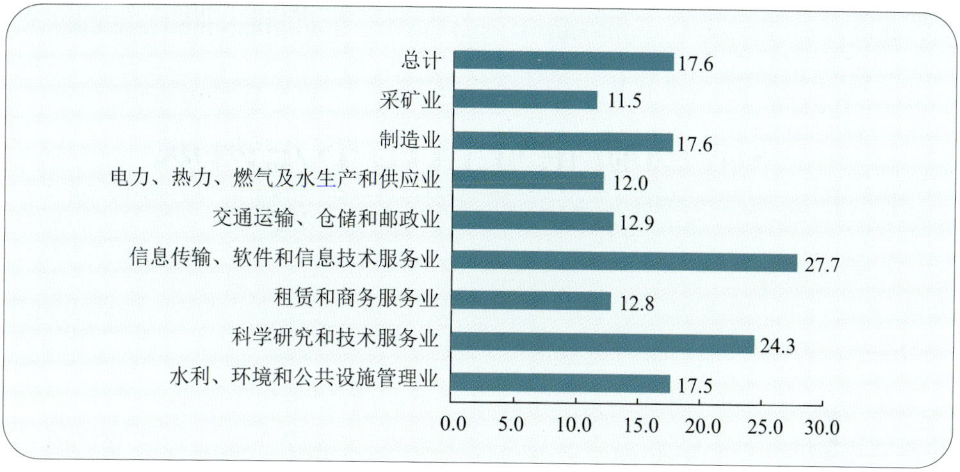


**图1　2019年小微企业开展创新活动企业占比(%)**

## 二、创新成功率相对较高,服务业技术创新表现亮眼

2019年,在开展创新活动的小微企业中,有95.6%的企业成功实现了创新,创新成功率比规模以上企业高1.8个百分点。其中,工业和服务业小微企业创新成功率分别为96.0%和95.2%,均高于规上企业平均水平。小微企业创新活动的起点和难度相对较低,创新成功率较高。

分创新类型看,在创新企业中,有47.2%的企业实现了技术创新①,58.9%的企业实现了非技术创新,10.5%的企业同时实现了技术和非技术创新。小微服务业实现技术创新的企业占比为44.5%,比规上服务业企业高4.4个百分点。其中,信息传输、软件和信息技术服务业与科学研究和技术服务业表现突出,过半创新活跃企业实现了技术创新,占比分别为54.0%和55.7%。小微服务业企业在技术创新领域表现亮眼。

## 三、独立研发是主要创新形式,合作创新意愿增强

在实现技术创新的企业中,有64.5%的企业技术来源于内部独立研发,占比较规上企业低近20个百分点;而选择合作开发和外部购买技术的企业占比分别为28.4%和16.3%,均高于规上企业平均水平。数据表明,小微企业仍以独立研

① 技术创新指产品和工艺创新,非技术创新指组织(管理)创新和营销创新。

发为主要创新形式，同时也对合作创新持有更加开放的态度。

从合作对象看，有 49.2%的合作创新企业与客户或供应商进行供应链合作，40.6%的企业与其他企业合作，36.4%的企业与高等院校或科研院所开展产学研合作，小微企业创新合作对象较为多元。

## 四、创新助力小微企业提升竞争力，持续创新意愿较强

从创新成效看，45.0%的小微企业表示通过创新提升了企业产品或者服务的竞争力，28.8%的企业表示创新降低了生产经营成本，27.1%的企业提高了生产环节效率，22.5%的企业通过创新进一步增加了企业利润。此外，创新对企业改善工作条件、扩大市场和出口份额等均有贡献，有效促进了小微企业提升自身生存能力和竞争力。

持续开展创新成为多数企业的发展愿景，调查显示，有近九成创新企业同时也制定了未来的创新发展规划。其中，营销模式创新最受小微企业青睐，47.4%的企业计划改进营销手段以进一步拓展市场。此外，未来计划开发新产品、获取新技术和引进新设备的企业占比分别为 47.1%、35.1%和 30.4%。

## 五、制约因素尚未破除，政策效果仍有提升空间

2019 年，在技术创新企业中，有近七成企业仅依靠自有资金开展创新活动，

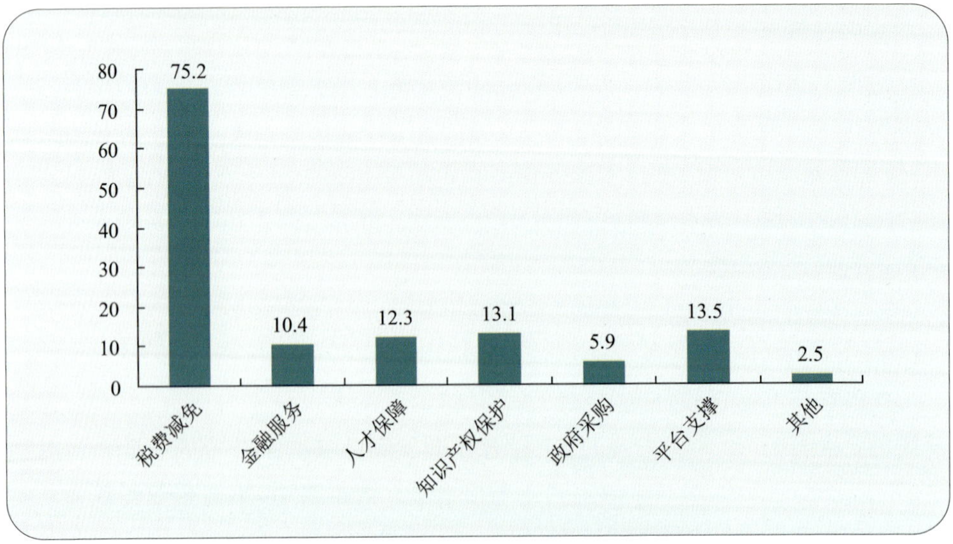


**图 2　2019 年小微创新企业享受政策情况(%)**

有 21.0%的企业获得了银行贷款支持。超过半数企业仍表示面临创新资金不足的困境，而将人才短缺和市场环境不佳作为创新主要困难的企业占比也分别达到 54.5%和 38.3%，制约小微企业创新发展的多重因素尚未得到根本改善。

政策方面，减税降费落实效果最好，2019 年政策惠及面达到 75.2%。与之相比，金融服务、人才保障、知识产权等其他创新支持政策的惠及面仍处于较低水平，政策效果还有待提升。

当前受新冠肺炎疫情影响，企业复工延迟、各项成本上升，不少小微企业收入大幅减少，甚至遭遇生存挑战。为深入贯彻落实习近平总书记关于坚决打赢疫情防控阻击战的重要指示精神，多个地区和部门迅速行动，及时出台了包括税费减免和降低房租等要素成本、信贷金融支持、研发经费补贴、复工复产保障等多项新政策新措施，帮助小微企业纾难解困、抵御风险。相信通过各方面积极努力，广大小微企业一定能够渡过难关，在疫情防控和创新发展中发挥更加重要的作用。

（撰稿人：张启龙）

# 创新政策惠及企业超七成 企业对创新政策有六盼

为更好激发市场主体创新活力，助推经济高质量发展，近年来国家出台了一系列鼓励和引导企业创新的政策，涵盖税收优惠、人才引进、金融支持、成果转化等多方面。为更有针对性地了解这些政策[①]的落实情况和实施效果，国家统计局对2019年全国36.3万家开展创新活动的规模以上企业[②]进行了问卷调查。结果显示，政策受益企业稳步增加，政策实施效果明显提升，但部分政策门槛高、知晓度低、吸引力不足、手续繁杂等，也一定程度制约了政策效果发挥。

## 一、政策惠及企业保持在七成以上

创新政策持续释放积极作用，受益企业稳步增加。2019年，在开展创新活动的36.3万家企业中，有26.2万家享受了创新政策，比上年增加3.5万家，所占比重为72%，享受政策的企业比例连续三年均保持在七成以上。

在调查的11项政策中，有4项政策惠及面[③]超过半数企业，其中"企业研发费用加计扣除税收优惠政策"惠及面达55.6%；"鼓励企业吸引和培养人才的相关政策""创造和保护知识产权的相关政策"和"金融支持相关政策"惠及面分别为54.5%、52.6%和50.6%。有5项政策惠及面在四成以上，有2项政策的惠及面不足四成（详见表1）。

---

① 具体政策详见表1，以下简称创新政策。

② 本文规模以上企业包括规模以上工业企业，特、一、二级总承包、专业承包建筑业企业，限额以上批发和零售业企业，规模以上交通运输、仓储和邮政业，信息传输、软件和信息技术服务业，租赁和商务服务业，科学研究和技术服务业，水利、环境和公共设施管理业企业。

③ 本文中某项政策的惠及面是指开展创新活动的企业中享受该政策企业的占比。

表 1　2019 年企业享受创新政策情况

| 创新政策 | 政策惠及面(%) |
|---|---|
| 企业研发费用加计扣除税收优惠政策 | 55.6 |
| 鼓励企业吸引和培养人才的相关政策 | 54.5 |
| 创造和保护知识产权的相关政策 | 52.6 |
| 金融支持相关政策 | 50.6 |
| 优先发展产业的支持政策 | 48.3 |
| 高新技术企业所得税减免政策 | 48.1 |
| 促进科技成果转化相关政策 | 47.1 |
| 关于推进大众创业万众创新的各项政策 | 45.8 |
| 企业研发活动专用仪器设备加速折旧政策 | 42.1 |
| 技术转让、技术开发收入免征增值税和技术转让减免所得税优惠政策 | 33.9 |
| 科技创新进口税收政策 | 28.8 |

分规模看，政策惠及面随企业规模减小而递减，但政策惠及量主体是小微企业。从惠及面看，2019 年大型企业达到 84.8%，中型和小微型企业分别为 74%和 70.7%。从惠及量看，小微型企业是最大受益群体，达到 19.5 万家，比上年增加 2.9 万家，占全部享受政策企业的 74.7%。

分行业门类看，信息传输、软件和信息技术服务业政策惠及面最高，达到 85.2%；其次是科学研究和技术服务业、制造业，分别为 77.9%和 76.8%。制造业享受政策企业数量最多，达到 16.6 万家，占全部享受政策企业的 63.4%。

## 二、创新政策认可度普遍提高

创新政策保护了企业的创新热情，使企业得到了实惠，企业对政策的认可度[①]不断提升。在调查的 11 项政策中，有 10 项政策的认可度高于上年；其中，企业对于“高新技术企业所得税减免政策”“企业研发费用加计扣除税收优惠政策”“创造和保护知识产权的相关政策”3 项政策认可度较高，认为效果明显的企业占比分别达到 87.2%、85%和 81.6%，比上年分别提高 2.2 个、2.9 个和 1.6 个百分点(详见表 2)。

① 本文中某项政策的认可度是指享受该政策的企业中认为该项政策对本企业开展创新活动影响程度为“效果明显”的企业的占比。

表 2　2019 年认为创新政策效果明显的企业占比

| 创新政策 | 认为政策效果明显的企业占比(%) | | 增减(±百分点) |
| --- | --- | --- | --- |
| | 2019 年 | 2018 年 | |
| 高新技术企业所得税减免政策 | 87.2 | 85.0 | 2.2 |
| 企业研发费用加计扣除税收优惠政策 | 85.0 | 82.1 | 2.9 |
| 创造和保护知识产权的相关政策 | 81.6 | 80.0 | 1.6 |
| 技术转让、技术开发收入免征增值税和技术转让减免所得税优惠政策 | 79.8 | 78.2 | 1.6 |
| 促进科技成果转化相关政策 | 79.8 | 78.2 | 1.6 |
| 优先发展产业的支持政策 | 79.4 | 78.0 | 1.4 |
| 企业研发活动专用仪器设备加速折旧政策 | 79.3 | 77.0 | 2.3 |
| 科技创新进口税收政策 | 78.0 | 76.8 | 1.2 |
| 关于推进大众创业万众创新的各项政策 | 76.1 | 75.3 | 0.8 |
| 金融支持相关政策 | 73.7 | 72.9 | 0.8 |
| 鼓励企业吸引和培养人才的相关政策 | 72.2 | 72.3 | －0.1 |

分规模看，大型企业对政策的认可度普遍高于中小型企业。在 11 项政策中，大型企业对其中 10 项政策的认可度高于全部企业平均水平，其中“高新技术企业所得税减免政策”“鼓励企业吸引和培养人才的相关政策”“企业研发费用加计扣除税收优惠政策”“创造和保护知识产权的相关政策”4 项政策的认可度上差距更加明显(详见表 3)。

分行业看，创新活动相对集中的制造业，信息传输、软件和信息技术服务业，科学研究和技术服务业 3 个行业对政策的认可度相对较高。其中，制造业企业对 11 项政策的认可度均高于全部企业平均水平，信息传输、软件和信息技术服务业企业对 9 项政策的认可度高于全部企业平均水平，科学研究和技术服务业企业对 7 项政策的认可度高于全部企业平均水平。而采矿业、建筑业、批发和零售业、交通运输仓储和邮政业、租赁和商务服务业等行业，企业对政策的认可度均低于平均水平。

表 3　2019 年按企业规模分认为创新政策效果明显的企业占比

单位：%

| 创新政策 | 合计 | 大型企业 | 中型企业 | 小微型企业 |
|---|---|---|---|---|
| 高新技术企业所得税减免政策 | 87.2 | 92.1 | 88.2 | 86.6 |
| 企业研发费用加计扣除税收优惠政策 | 85.0 | 89.2 | 85.6 | 84.5 |
| 创造和保护知识产权的相关政策 | 81.6 | 85.2 | 81.2 | 81.5 |
| 技术转让、技术开发收入免征增值税和技术转让减免所得税优惠政策 | 79.8 | 81.8 | 78.7 | 79.9 |
| 促进科技成果转化相关政策 | 79.8 | 81.1 | 78.7 | 79.9 |
| 优先发展产业的支持政策 | 79.4 | 81.9 | 78.4 | 79.5 |
| 企业研发活动专用仪器设备加速折旧政策 | 79.3 | 80.2 | 78.3 | 79.5 |
| 科技创新进口税收政策 | 78.0 | 78.5 | 76.2 | 78.4 |
| 关于推进大众创业万众创新的各项政策 | 76.1 | 75.9 | 73.9 | 76.7 |
| 金融支持相关政策 | 73.7 | 75.9 | 71.8 | 74.1 |
| 鼓励企业吸引和培养人才的相关政策 | 72.2 | 75.8 | 71.0 | 72.3 |

## 三、制约政策效果的因素依然存在

在肯定创新政策效果的同时，企业认为创新政策落实仍存在一些制约因素。政策门槛过高被认为是影响政策实施效果的首要因素。调查结果显示，在开展创新活动的企业中，有 28%的企业未享受任何创新政策，比重较上年提高 1.7 个百分点。在未享受政策或认为政策效果不明显的企业中，有超过六成的企业认为不具备享受政策的条件。

政策知晓度偏低被认为是影响政策效果的第二大因素。如“推进大众创业万众创新的各项政策”，有 19.6%未享受政策的企业不知道相关政策。

吸引力不足是影响政策效果的第三大因素。该因素在“鼓励企业吸引和培养人才的相关政策”“金融支持相关政策”中体现更为明显，分别有 19.4%和 11%企业选择该项。

此外，办理手续繁琐也是较为突出的制约因素之一，该因素在“金融支持相关政策”中体现较为突出，有 10.3%的企业选择该项（详见表 4）。

**表 4　企业认为影响政策效果的主要因素占比**

单位：%

| 创新政策 | 不具备享受该政策的资格 | 不知道此政策 | 吸引力不足 | 办理手续繁琐 | 政府部门政策执行力度不够 | 其他原因 |
|---|---|---|---|---|---|---|
| 企业研发费用加计扣除税收优惠政策 | 75.2 | 6.5 | 5.7 | 5.6 | 0.9 | 6.1 |
| 高新技术企业所得税减免政策 | 81.3 | 4.6 | 3.5 | 3.4 | 0.5 | 6.7 |
| 企业研发活动专用仪器设备加速折旧政策 | 71.9 | 8.1 | 9.3 | 4.1 | 0.4 | 6.2 |
| 技术转让、技术开发收入免征增值税和技术转让减免所得税优惠政策 | 80.9 | 6.7 | 3.7 | 2.3 | 0.4 | 6.0 |
| 科技创新进口税收政策 | 82.5 | 7.0 | 2.8 | 1.5 | 0.3 | 6.0 |
| 鼓励企业吸引和培养人才的相关政策 | 58.6 | 15.1 | 19.4 | 2.8 | 1.4 | 2.7 |
| 金融支持相关政策 | 57.8 | 13.5 | 11.0 | 10.3 | 2.6 | 4.8 |
| 创造和保护知识产权的相关政策 | 72.8 | 12.1 | 7.5 | 3.5 | 1.2 | 3.0 |
| 优先发展产业的支持政策 | 70.0 | 17.8 | 6.5 | 2.1 | 1.3 | 2.3 |
| 促进科技成果转化相关政策 | 74.2 | 13.9 | 6.0 | 2.5 | 0.7 | 2.8 |
| 关于推进大众创业万众创新的各项政策 | 65.7 | 19.6 | 9.1 | 2.1 | 1.0 | 2.4 |

## 四、企业对政策的诉求及期盼

当前，新冠肺炎疫情持续全球蔓延，国际形势日益复杂严峻，企业开展创新活动具有很大不确定性。为积极应对危机和寻找新的增长点，企业对创新政策提出如下六大期盼：

一是期盼及时出台减税降费新政，助力企业降低创新成本。继续加大对创新企业的税收优惠支持力度，尤其是加大对中小企业的政策倾斜和覆盖范围，降低能源、物流、租房等成本，鼓励科技孵化载体租金减免，加快政府项目资金审批拨付进度，切实减轻企业负担。

二是期盼加强金融支持力度，助力企业拓宽融资渠道。进一步简化审批流程，适当放宽信贷资质和额度，加速推动信用担保，完善知识产权质押融资机制，加大对企业技术改造的资金支持，有效帮助企业恢复现金流。

三是期盼搭建科技成果转化平台，助力企业强化资源共享。搭建校企科技成果交易平台，助力创新成果快速转化；依靠互联网和社交平台资源优势，帮助企业推广新产品、扩大销售渠道、交流市场信息，及时根据市场需求动态调整新产品生产。

四是期盼完善科技创新进出口优惠政策，助力外贸企业促稳提质。进一步优化通关流程、简化出口退税办理手续，扩大出口信用保险覆盖面，加大对技术出口企业税收优惠；帮助高技术企业推广创新产品，对冲疫情和贸易战影响，培育外贸竞争新优势。

五是期盼加强创新人才引育扶持政策，助力企业人才队伍建设。加强对企业特别是非一线城市企业创新人才引进和培养的扶持政策，对高端人才、技能型人才落户、住房、子女入学等方面给予更多激励政策，加大人才补贴力度，强化产学研人才合作资源共享机制，帮助企业吸引并留住人才。

六是期盼提升创新政策宣传实效，助力企业更方便地享受政策红利。细化创新政策服务，对不同行业、不同规模企业进行更有针对性的分类指导，利用新媒体拓展宣传渠道，开通企业查阅与咨询直通车，特别是帮助企业及时了解疫情期间减税降费新政策，使各项惠企纾困政策尽快落实到位。

（撰稿人：林梅）

# 2019年中国创新指数为228.3 创新发展新动能加速聚集

据国家统计局《中国创新指数研究》课题组测算，2019年中国创新指数达到228.3(以2005年为100)，比上年增长7.8%[①]。分领域看，创新环境指数、创新投入指数、创新产出指数和创新成效指数分别达到249.9、199.1、295.3和168.8，分别比上年增长10.5%、3.0%、11.8%和3.1%。测算结果表明，2019年，我国创新环境明显优化，创新投入稳步提高，创新产出大幅提升，创新成效进一步显现，创新发展新动能不断增强。

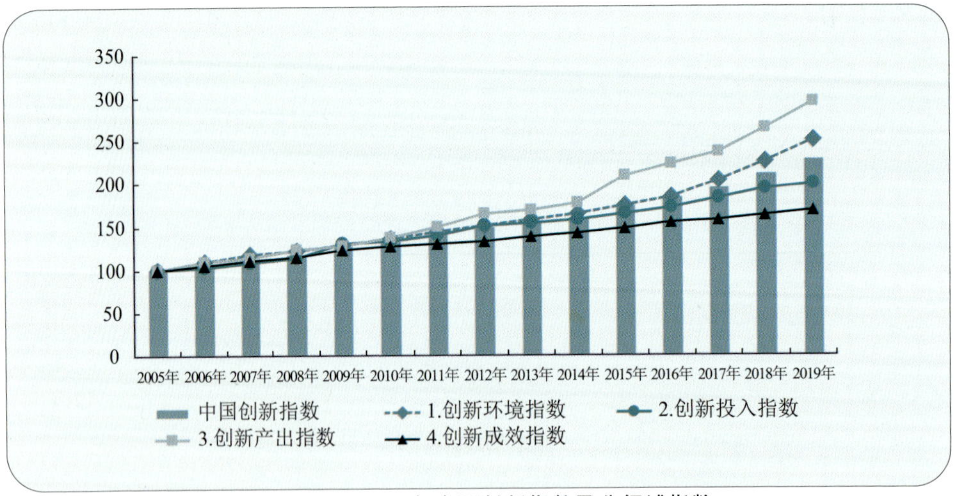


图 2005—2019年中国创新指数及分领域指数

① 因国内生产总值(GDP)等指标历史数据修订，中国创新指数历史测算结果作相应调整。

表 1　中国创新指数情况

| 指　　数 | 2005 年 | 2010 年 | 2015 年 | 2018 年 | 2019 年 | 2019 年比 2018 年增长 (%) |
|---|---|---|---|---|---|---|
| **中国创新指数** | **100.0** | **133.0** | **174.0** | **211.8** | **228.3** | **7.8** |
| 一、创新环境指数 | 100.0 | 135.7 | 174.9 | 226.2 | 249.9 | 10.5 |
| 二、创新投入指数 | 100.0 | 132.3 | 164.2 | 193.4 | 199.1 | 3.0 |
| 三、创新产出指数 | 100.0 | 137.2 | 208.3 | 264.1 | 295.3 | 11.8 |
| 四、创新成效指数 | 100.0 | 126.8 | 148.7 | 163.7 | 168.8 | 3.1 |

## 一、创新环境明显优化

“创新环境”领域包括劳动力中大专及以上学历人数、人均 GDP、理工科毕业生占适龄人口比重、科技拨款占财政拨款比重、享受加计扣除减免税企业所占比重等 5 个评价指标。

2019 年我国创新环境指数为 249.9，比上年增长 10.5%，连续 3 年保持两位数增长。该领域 5 个评价指标指数全部实现增长，其中，享受加计扣除减免税企业所占比重指数大幅提升，增速达到 38.9%，连续 3 年成为全部 21 个评价指标中增长最快的指标；科技拨款占财政拨款的比重指数继续保持回升态势，增长 4.1%；人均 GDP 指数增长 5.8%，实现较快增长(详见表 2)。

表 2　创新环境指数

| 指　　数 | 2005 年 | 2010 年 | 2015 年 | 2018 年 | 2019 年 | 2019 年比 2018 年增长 (%) |
|---|---|---|---|---|---|---|
| **创新环境指数** | **100.0** | **135.7** | **174.9** | **226.2** | **249.9** | **10.5** |
| 1. 劳动力中大专及以上学历人数指数 | 100.0 | 161.7 | 244.9 | 260.0 | 269.5 | 3.6 |
| 2. 人均 GDP 指数 | 100.0 | 166.6 | 239.2 | 288.2 | 304.8 | 5.8 |
| 3. 理工科毕业生占适龄人口比重指数 | 100.0 | 142.8 | 183.9 | 211.8 | 220.5 | 4.1 |
| 4. 科技拨款占财政拨款的比重指数 | 100.0 | 116.4 | 101.2 | 109.6 | 114.0 | 4.1 |
| 5. 享受加计扣除减免税企业所占比重指数 | 100.0 | 103.0 | 150.3 | 343.1 | 476.7 | 38.9 |

## 二、创新投入稳步提高

“创新投入”领域包括每万人 R&D(研究与试验发展)人员全时当量、R&D 经费占 GDP 的比重、基础研究人员人均经费、企业 R&D 经费占主营业务收入的比重、有研发机构的企业所占比重、开展产学研合作企业所占比重等 6 个评价指标。

2019 年创新投入指数为 199.1,比上年增长 3.0%,增速较上年回落 2.9 个百分点。该领域的 6 个评价指标指数五升一降,其中,每万人 R&D 人员全时当量指数增长较快,增速为 9.2%;R&D 经费占 GDP 比重指数和开展产学研合作的企业所占比重指数均实现稳步提升,增速分别为 4.2% 和 4.1%;基础研究人员人均经费指数下降 4.7%,是该领域指数中唯一出现下降的指标(详见表 3)。

**表 3　创新投入指数**

| 指　　数 | 2005 年 | 2010 年 | 2015 年 | 2018 年 | 2019 年 | 2019 年比 2018 年增长 (%) |
|---|---|---|---|---|---|---|
| **创新投入指数** | **100.0** | **132.3** | **164.2** | **193.4** | **199.1** | **3.0** |
| 1. 每万人 R&D 人员全时当量指数 | 100.0 | 182.5 | 262.0 | 300.8 | 328.5 | 9.2 |
| 2. R&D 经费占 GDP 比重指数 | 100.0 | 130.7 | 157.5 | 163.6 | 170.5 | 4.2 |
| 3. 基础研究人员人均经费指数 | 100.0 | 163.5 | 248.0 | 313.4 | 298.6 | −4.7 |
| 4. 企业 R&D 经费占主营业务收入比重指数 | 100.0 | 112.8 | 125.5 | 136.7 | 142.1 | 3.9 |
| 5. 有研发机构的企业所占比重指数 | 100.0 | 117.6 | 143.8 | 192.3 | 195.4 | 1.6 |
| 6. 开展产学研合作的企业所占比重指数 | 100.0 | 103.7 | 106.6 | 129.2 | 134.6 | 4.1 |

## 三、创新产出能力大幅提升

“创新产出”领域包括每万人科技论文数、每万名 R&D 人员专利授权数、发明专利授权数占专利授权数的比重、每百家企业商标拥有量、每万名科技活动人员技术市场成交额等 5 个评价指标。

2019 年创新产出指数达 295.3,比上年增长 11.8%,增速较上年提高 0.1 个百分点，在四个分领域中列首位。该领域的5个评价指标指数全部实现增长，其中，每万名科技活动人员技术市场成交额指数和每万名R&D人员专利授权数指数分别达到489.1和429.3，在全部评价指标指数中位居前列；每百家企业商标拥有量指数和发明专利授权数占专利授权数的比重指数增长较快，增速分别为18.8%和17.9%（详见表4）。

**表4 创新产出指数**

| 指　　数 | 2005年 | 2010年 | 2015年 | 2017年 | 2018年 | 2018年比2017年增长（%） |
|---|---|---|---|---|---|---|
| **创新产出指数** | **100.0** | **137.2** | **208.3** | **264.1** | **295.3** | **11.8** |
| 1. 每万人科技论文数指数 | 100.0 | 152.8 | 165.4 | 182.8 | 193.0 | 5.6 |
| 2. 每万名R&D人员专利授权数指数 | 100.0 | 230.6 | 337.9 | 423.9 | 429.3 | 1.3 |
| 3. 发明专利授权数占专利授权数的比重指数 | 100.0 | 89.3 | 136.7 | 122.8 | 144.8 | 17.9 |
| 4. 每百家企业商标拥有量指数 | 100.0 | 100.1 | 180.0 | 325.3 | 386.4 | 18.8 |
| 5. 每万名科技活动人员技术市场成交额指数 | 100.0 | 155.3 | 287.7 | 419.3 | 489.1 | 16.7 |

## 四、创新成效进一步显现

"创新成效"领域包括新产品销售收入占主营业务收入的比重、高新技术产品出口额占货物出口额[①]的比重、单位GDP能耗、人均主营业务收入、科技进步贡献率等5个评价指标。

2019年我国创新成效指数为168.8，比上年增长3.1%，增速较上年回落0.9个百分点。该领域的5个评价指标四升一降，其中，人均主营业务收入指数和新产品销售收入占主营业务收入的比重指数增长较快，增速分别为8.6%和5.7%；高新技术产品出口额占货物出口额的比重指数下降2.7%，是该领域指数中唯一出现下降的指标（详见表5）。

① 受数据来源限制，高技术产品出口额指标用高新技术产品出口额代替。

表 5　创新成效指数

| 指　　数 | 2005 年 | 2010 年 | 2015 年 | 2018 年 | 2019 年 | 2019 年比 2018 年增长（%） |
|---|---|---|---|---|---|---|
| **创新成效指数** | **100.0** | **126.8** | **148.7** | **163.7** | **168.8** | **3.1** |
| 1. 新产品销售收入占主营业务收入的比重指数 | 100.0 | 115.2 | 127.3 | 161.5 | 170.8 | 5.7 |
| 2. 高新技术产品出口额占货物出口额的比重指数 | 100.0 | 109.0 | 100.7 | 104.9 | 102.1 | −2.7 |
| 3. 单位 GDP 能耗指数 | 100.0 | 123.8 | 151.7 | 169.1 | 173.8 | 2.8 |
| 4. 人均主营业务收入指数 | 100.0 | 179.0 | 292.5 | 302.3 | 328.4 | 8.6 |
| 5. 科技进步贡献率指数 | 100.0 | 117.8 | 128.0 | 135.9 | 137.7 | 1.4 |

综上，2019 年中国创新指数得到新提升，创新发展新动能加速聚集，创新作为发展第一动力的支撑引领作用不断显现，表明了我国科技创新实力正在从量的积累迈向质的飞跃，从点的突破迈向系统能力提升。下阶段，我们要坚持以习近平新时代中国特色社会主义思想为指导，继续深入实施创新驱动发展战略，持续改善科技创新生态，激发创新创造活力，为实现建设世界科技强国和实现“两个一百年”奋斗目标而不懈努力。

（撰稿人：林梅）

# 2019年中国创新指数持续提升

日前，国家统计局发布了2019年中国创新指数测算结果，从测算结果看，2019年中国创新指数达到228.3，比上年增长7.8%，延续较快增长态势。在四个创新分领域的21个指标中，有19个指标指数比上年有所提高，其中享受加计扣除减免税企业占比、百家企业商标拥有量、发明专利授权数占专利授权数的比重及万名科技活动人员技术市场成交额等4个指标指数均实现两位数增长。中国创新指数的走势表明，2019年我国深入实施创新驱动发展战略成效显著，创新发展新动能加速聚集，对推动高质量发展的支撑引领作用持续提升。

## 一、创新环境明显优化，分领域指数值达249.9，比上年增长10.5%

财政科技投入力度不断加大。国家财政科技支出是我国科技活动和科技事业发展的重要保障。2019年，国家财政科技支出达10717.4亿元，比上年增长12.6%；其中地方财政科技支出6544.2亿元，比上年增长13.2%，所占比重为61.1%，比上年提高0.4个百分点。

加计扣除减免政策成效显著。近年来，我国对企业研发费用加计扣除实施提高扣减比例和扩大适用范围的相关政策，取得了明显成效。2019年，受惠的规模以上工业企业为5.0万家，比上年增长43.2%；研发加计扣除减免税达到1399.7亿元，首次超过千亿元。

## 二、创新投入稳步提高，分领域指数值为199.1，比上年增长3.0%

研发投入保持较快增长。2019年，我国R&D经费投入达22143.6亿元，比上年增长12.5%，连续4年实现两位数增长，投入总量稳居世界第二位；投入强度

（R&D经费与GDP之比）为2.23%，比上年提高0.09个百分点，已超过2018年欧盟15国平均水平，与美国、日本等发达国家的差距逐年缩小。2019年，我国R&D人员全时当量达480.1万人年，保持全球第一，比上年增长9.6%，增幅为近7年来最高；每万人口中的R&D人员全时当量为34.3人年，增长9.2%。

基础研究经费快速增长。持之以恒加强基础研究是提升原始创新能力的关键。2019年，我国基础研究经费为1335.6亿元，比上年增长22.5%，增速为近8年来最高；基础研究经费占R&D经费的比重为6.03%，比上年提高0.49个百分点，占比首次突破6%。

企业创新主体作用持续稳固。2019年，我国企业R&D经费达到16921.8亿元，比上年增长11.1%；其中规模以上工业企业R&D经费为13971.1亿元，比上年增长7.8%。企业R&D经费对全社会R&D经费增长的贡献为68.5%，拉动全社会R&D经费增长8.6个百分点。2019年，在规模以上工业企业中，有18.8万家企业开展了技术创新活动，所占比重为49.6%，比上年大幅提高6.6个百分点。

## 三、创新产出大幅提升，分领域指数值达295.3，比上年增长11.8%

创新产出成果丰硕。2019年，我国国内专利授权数为247.4万件，比上年增长6.0%；发表科技论文195万篇，增长6.0%；专利和论文产出水平不断提高。截至2019年底，大中型工业企业拥有注册商标53.8万件，比上年增长14.0%，企业品牌建设不断推进。

技术市场发展迅速。2019年，我国技术市场成交合同金额达22398.4亿元，比上年增长26.6%；按每万名科技活动人员平均的技术市场成交额为18.4亿元，比上年增长16.7%。技术交易额不断创出新高，技术成果转移转化通道加速打通，技术市场发展环境进一步优化。

## 四、创新成效进一步显现，分领域指数值为168.8，比上年增长3.1%

新产品销售占比再创新高。2019年，我国大中型工业企业实现新产品销售收入16.6万亿元，与主营业务收入之比为24.9%，比上年提高1.4个百分点，占比创2005年以来的新高。在实现产品创新的2.5万家大中型工业企业中，有69.3%的企业推出了对于国内市场全新或有重大改进的产品，有29.7%的企业推出了对于国际市场全新或有重大改进的产品。

能耗水平持续下降。科技创新进一步推动能源合理利用，助力绿色发展。据初步核算，2019 年，我国能源消费总量为 48.7 亿吨标准煤，比上年增长 3.3%；煤炭消费量占能源消费总量的 57.7%，比上年下降 1.3 个百分点；天然气、水电、核电、风电等清洁能源消费量占能源消费总量的 23.4%，比上年提高 1.3 个百分点。单位 GDP 能耗比上年下降 2.6%。

虽然我国科技创新实力不断提高，但基础科学研究短板依然突出，关键核心技术受制于人的局面尚未得到根本性改变。下阶段，我们要坚持以习近平新时代中国特色社会主义思想为指导，继续深入实施创新驱动发展战略，持续改善科技创新生态，激发创新创造活力，为建设世界科技强国和实现“两个一百年”奋斗目标而不懈努力。

（撰稿人：李胤）

# 医药企业研发层次偏低、能力偏弱问题值得关注

为了解现阶段我国医药制造业企业技术创新面临的主要问题，近期国家统计局组织北京、天津、上海、安徽、福建、江西、山东、湖北和重庆等9个地区开展了专题调研。调研结果显示，随着近年来医药产业发展及相关政策的不断调整完善，走创新发展之路已经成为医药企业的共识。但目前我国医药企业仍存在整体技术积累不足且研发活动层次偏低等问题；同时，政策密集调整和产业链发育不成熟等给企业带来的盈利压力，以及研发资源配置不合理和配套服务不完善等带来的成本压力，都影响了企业研发投入的能力和意愿。

## 一、行业技术发展水平不高，研发活动层次相对偏低

### （一）企业技术积累不足，注册新药技术水平偏低

医药制造业是高度依赖技术积累的高技术产业。调研企业普遍认为，由于我国现代医药制造业起步较晚，行业整体技术积累不足，现阶段大部分领域在国际上仍处在跟跑阶段，在创新药研发方面甚至居于落后水平。北京、上海、安徽、福建、山东和湖北等地区均有超过半数调研企业将“技术积累不够”视作阻碍企业开展高水平创新的主要原因之一。

调研结果显示，在近五年企业新注册药品中，技术含量偏低的仿制药依然占据绝对主体地位。重庆调研企业在近五年成功注册药品中，仿制药占比高达97.6%；江西调研企业新注册药品中仿制药占比为84.2%；山东、福建和上海注册新药的技术水平相对较高，但仿制药占比依然分别达到68.5%、57.1%和54.2%。

### （二）在研药品以仿制药为主，工艺研发是主要投入方向

调研结果显示，企业现阶段在研的药品项目以仿制药为主，创新药和改良药的研发项目相对较少。北京、上海、江西和湖北调研企业的仿制药项目在全部在研药品项目中所占比重均超过七成，分别为79.4%、78.9%、75.5%和73.5%，而

创新药项目均仅占一成左右;山东、天津、安徽和福建仿制药项目占比也分别达61.5%、56.8%、55.5%和51.1%。

从调研情况看,目前企业研发经费相对集中在科技水平偏低的后端工艺研发上,而科技水平相对较高的前端药物发现筛选、临床前实验室研究和临床研究投入明显不足。天津调研企业中,有35.2%的企业将工艺研发作为研发投入的第一大支出项,仅有14.7%的企业将研发经费主要投向临床和临床前研究;上海、湖北和福建分别有66.7%、62.6%和58.6%的调研企业,其研发经费主要投入方向是工艺研发。

## 二、企业盈利面临多方挤压,研发投入能力受到限制

近年来,我国对多项重要医药政策进行了重大调整,提升了企业技术创新的主动性和积极性,但短期内也对医药企业经营活动形成较大压力,加之目前药品制剂企业产业链上下游发育不成熟,一定程度上影响了企业进行研发投入的能力。

### (一)政策叠加压缩盈利空间,企业研发投入能力被削弱

医保集中带量采购和仿制药一致性评价①,是目前对调研企业研发活动影响较大的两项政策。北京、福建、江西和山东等地调研企业反映,在现阶段医保集采谈判中,存在唯价格导向以及规模效应不够、政策不稳定等情况,很大程度上压缩了企业的盈利空间,一定程度上削弱了企业研发投入的能力。上海、福建和重庆等地调研结果显示,仿制药的一致性评价成本较高且竞争较为激烈,在医保集中采购的准入门槛、价格谈判和时间窗口等多重政策叠加的压力下,仿制药生产企业原有的生产经营格局面临重大挑战,企业开展仿制药一致性评价的能力和意愿并不强。

### (二)上游供应商议价能力强,下游制剂企业研发投入空间被挤压

我国原料药行业的市场集中度相对较高,下游制剂企业的市场地位相对较弱,导致原材料成本连年攀升,制剂企业生产经营和研发活动都承受着更大的成本压力。福建和重庆等地调研企业反映,目前国内原料药行业的垄断程度较高,大型原料药生产企业形成联盟,原材料价格不断提高。两地调研企业认为,原料药企业的市场结构进一步集中,一方面是因为近年来环保治理成本大幅上升,运

① 一致性评价,指按照仿制药品要与原研药品质量和疗效一致的原则,对仿制药开展的一致性评价工作。

营企业要在环保设施建设改造上大量投入，许多不符合环保要求的原料药企业停产整顿；另一方面由于药品与关联审评审批制度逐步推广，原料药质量直接关系审批结果，质量过硬、供应稳定的原料药企业市场地位进一步提升。

### （三）流通环节成本高企，企业研发投入资源被挤占

近年来医药流通消费领域的“两票制”①等措施，虽然减少了中间流通环节，但也使企业需要直接面对更多的销售机构甚至自建销售终端。销售和管理成本的增加给企业带来较大的资金压力，压缩了企业可用于研发的资源，不利于改变医药行业重营销轻研发的传统局面。天津、安徽和重庆的调研企业均表示，“两票制”推开以后，一方面部分市场推广和经销商管理等职能转移到医药生产企业身上，企业直接管理的经销商大幅增多，另一方面需要重新整合原有的销售网络和渠道，财务管理的难度和风险加大，销售管理成本和赊销账款均有所增加。

## 三、配套服务发展尚不完善，企业研发成本居高不下

医药产业的研发活动具有周期长、成本高、环节多且风险高等特点，但目前企业研发活动所需的资金、技术、服务和人才等各种要素的供给结构尚不完善，不利于企业控制研发活动成本，也不利于企业获取优质研发资源。

### （一）研发活动融资渠道单一，社会资本支撑体系尚不完善

调研发现，医药行业研发活动周期长风险高，投入回报不确定性强，企业融资难度较大且渠道比较单一。上海、安徽、山东和湖北等地区调研企业均表示，目前企业研发经费主要依靠自有自筹资金，虽有四成左右企业得到过财政对研发活动的资金支持，但财政资金一般仅占企业研发投入总量的一成左右。部分企业申请到了银行贷款，但鲜少有企业获得资本市场或风险战略投资的支持。

### （二）科研服务平台建设滞后，研发服务资源尚待进一步整合

医药行业研发活动涉及的环节和主体较多，调研结果显示，目前医药行业科研服务资源整合程度不高，企业研发成本居高不下，科研服务能力有待提升。福建调研企业反映，本地区医药产品检验检测能力不足，临床试验配套环境建设落后，企业研发合作单位难寻，导致实验周期漫长且成本费用高。安徽调研企业表示，本地区医药企业小而散，尚未形成产业集群，研发物料需要进行全国性采购，甄选成本高、物流时间长且质量控制风险大。另外部分大型检测仪器设备使用费

① “两票制”是指药品生产企业到流通企业开一次发票，流通企业到医疗机构开一次发票。

用昂贵，且存在伦理等方面的评审结果区域互认水平不高等问题，都增加了企业研发成本。

### （三）专业人才短缺问题普遍，高水平人才成发展瓶颈

调研发现，专业人才尤其是高水平人才短缺，是目前医药企业原始创新面临的普遍问题，甚至被部分地区视作制约医药产业发展的瓶颈。安徽、山东和湖北等地均有超过七成的调研企业认为，专业人才短缺是阻碍企业开展原始创新的主要原因之一，北京和上海等人才聚集程度较高的地区也有过半企业持有同样的观点。其中，安徽、江西和湖北调研企业把高层次领军型人才、成熟科研人才和高级技术工人匮乏，视作是制约企业创新的最大障碍。

## 四、管理和服务双管齐下，共同助推企业高水平创新

### （一）统筹协调形成政策合力，上下联动理顺产业链条

医药管理政策是一个系统工程，医疗保障、医药监管、医药流通、医疗机构管理以及环保治理等各方面政策措施，都会对医药企业的研发活动产生直接而重要的影响。医药企业作为改善药品供给质量和提高行业技术水平的主体，鼓励企业技术创新尤其是原始创新和前端创新，应该是医药政策的核心目标之一。

一是要统筹协调不同领域改革举措，平衡兼顾多重政策目标，强化对企业技术创新的正向政策激励，把推动企业进行长期技术布局和原始创新投入的原则贯穿政策制定与执行始终。二是要优化政策与财政资源配置，加强对医药企业前端研发活动和临床急需药品等的支持力度，引导企业积极改善研发投入结构，重视和强化基础研究。三是要根据区域资源禀赋和产业结构特点，有重点地培育具有竞争优势的区域性医药产业集群，避免重复建设造成资源浪费。四是要理顺上下游产业链联动发展链条，改善上游原材料供应的市场环境，优化下游销售消费环节格局。通过建立良好的政策环境和市场环境，提升医药企业研发投入的能力与意愿。

### （二）整合优质研发服务资源，培育差异化研发模式

在北京、上海等研发资源较为集中的创新活跃地区，正逐渐形成差异化的医药研发模式，一是“大而强”的大型制药企业自主研发模式，二是“小而美”的新兴医药企业核心技术与核心团队研发模式，三是引入国际专利技术和研发外包技术平台为被投公司提供各种服务，以实现轻资产运作下的新型“风险投资＋知识产权＋研发外包”医药研发模式。

差异化医药研发模式的发展，依赖于专业分工更为细化、各类要素供给结构

更优、整合聚集程度更高的医药研发服务体系的培育,包括以高水平技术创新为导向的多层次社会化投融资体系建设,平台化的实验室资源、临床服务资源甚至是环保治理资源等配套服务体系建设,临床医疗机构、高校院所与企业协同创新体系建设,以及“一揽子”人才培养和引进的服务体系建设,等等。通过市场化或公共性的研发服务体系建设,帮助医药企业以更小的成本获取更优质的研发资源,解决企业尤其是中小企业研发成本居高不下的难题。

(撰稿人:罗秋实)

# 政策组合拳“倒逼”技术创新 医药企业仍在转型升级阵痛期

近年来我国不断调整优化医药政策，尤其在医疗保障、医药监管和医药流通等领域出台了一系列新的举措，对引导医药企业开展研发活动产生了重要影响。近期国家统计局组织北京、天津、上海、安徽、福建、江西、山东、湖北和重庆等9个地区开展了专题调研。结果发现：几项重点医药政策改革在“倒逼”企业提高技术创新水平方面的作用逐步显现，但是也出现了仿制药价格竞争过于激烈、企业研发投入产出不成比例以及政策改革成本转移等诸多现实问题，限制了企业研发投入的能力与意愿。

## 一、政策组合重拳出击，倒逼企业提高技术创新水平

### （一）医保集中带量采购扩围，竞争推动企业技术创新

医保是医药制造业最大的买单方，近年来，医保集中带量采购工作逐步走向常态化，所涉地域和品种范围均持续扩大，对企业的生产经营以及技术创新活动产生了重要影响。

一是跨地域带量采购一定程度上打破了地方主义等利益藩篱，铲除了低水平仿制药重复建设的生存土壤。福建调研企业反映，跨地域采购给企业带来更多市场机遇，让优质药品得到更多展示机会；天津和上海调研企业表示，进入集采清单且竞争力强的药品销量增长强劲，对帮助企业扩大市场份额作用明显。北京和山东调研企业则表示，在目前的政策导向下，能够投入资源进行药品研发、有效降低生产成本的企业，将会形成规模化效应，市场占有率将会越来越高，而产品单一、技术落后的企业将会面临严峻的考验，甚至会逐步退出市场。

二是以量带价、价低者得的医保竞争模式，使企业能够集中获得批量订单，销售管理等方面成本降低，同时“倒逼”企业通过提升技术水平，增强自身在价格谈判中的议价能力，保障企业经营的利润空间，提高企业加大研发投入的积极性。

山东调研企业表示，拥有自主知识产权的创新药竞争对手少，在价格谈判中更有市场话语权。湖北调研企业表示，医保集采让中标企业一次性获得批量订单，促销、流通等费用大幅减少，为企业研发提供更多可支配的资源。福建调研企业表示，医保集采减少了产品流通的中间环节，有效降低企业销售推广费用，同时倒逼企业优化资源配置，提高技术创新能力，提升药品质量。

三是医保集中采购政策的主要内容及其调整，以及目录清单、采购频率、时间窗口、结算效率等诸多具体制度安排，对企业研发方向和研发策略的选择，甚至企业整体产品布局和发展规划的选择，都产生了重要且直接的影响。北京调研企业表示，医保采购政策的调整对研发立项的方向和市场判断标准产生直接影响，同时对企业的研发速度也提出了更高的要求。湖北调研企业表示，企业会更加注重创新产品和临床急需产品研发，选择更科学的工艺降低产品成本。同时，有实力的企业也会提前为新药和仿制药的研发进行规划，同时进行上下游产业布局，形成原料和制剂一体化全产业链，分担降价对企业的压力。上海调研企业认为，为了应对带量采购提出的新挑战，企业需要加大药品品种储备，形成更有层次的产品梯队与多元化的产品管线，减少产品结构单一带来的风险。

### （二）仿制药一致性[①]评价落地，质量门槛推动企业走出“舒适区”

我国仿制药的质量和药效与原研药一直存在较大差距，开展仿制药一致性评价的监管要求，及其成为医保集采准入门槛等制度设计，成为近年来对仿制药生产企业影响最大的政策之一。

一是一致性评价的要求推动企业增加研发投入，提高仿制药的质量和药效，有助于改善行业低水平重复建设的不良生态，促进行业整体转型升级。山东和湖北调研企业为通过一致性评价，均不同程度地增加了研发投入，部分企业超过八成的研发投入都用于一致性评价。北京开展药品一致性评价工作的调研企业，一致性评价相关研发费用占整体研发费用的比重平均为34.8%。

二是一致性评价的要求倒逼企业淘汰落后产品和技术，集中优势研发资源支持具有竞争优势的产品和技术，同时丰富既有的研发和生产管线，不断提高企业承担政策和市场风险的能力。福建调研企业反映，研发资源较为有限的企业无法对所有仿制药产品都进行一致性评价研发，只能减少竞争力不够的产品品种；同时要对在几十家甚至上百家同行企业申报的仿制药品种项目进行审慎评估，以免

① 一致性评价，指按照仿制药品要与原研药品质量和疗效一致的原则，对仿制药开展的评价工作。

造成研发资源的浪费。湖北调研企业也逐渐认识到，普通仿制药盈利的时代已经过去，制药企业要生存发展，就必须走高仿、首仿甚至原研相结合的发展道路。北京调研企业表示，企业将布局更为丰富的研发管线，培育更为多元化的产品结构，以提升自身的竞争力。

### （三）药品监督管理分类施策，创新优先原则降低企业行政成本

近年来我国的药品管理尤其是注册管理办法进行了持续调整，鼓励技术创新的原则在不同管理环节都得到体现，降低了企业进行技术创新的行政管理成本，对鼓励医药企业创新发挥了积极作用。

一是建立优先审评审批制度，提高新药的审批效率，向创新药、临床急需药、罕见病药等倾斜，缩短了企业创新药品的审批周期。北京调研企业表示，优先评审通道缩短了创新药的审评周期，为药品上市争取了宝贵的时间，避免错过医保集采等重要时间节点给企业造成的损失。上海调研企业普遍认为目前新药审批速度有所加快，其中外资企业表示，最新修订明确建立了四种快速审评通道，同时鼓励新的靶点、作用机制等产品本身的创新，以及对接国际临床数据等方法的创新，都有助于企业的研发创新。

二是上市许可持有人制度等制度探索，使得没有生产功能的研发机构甚至科研人员，都能作为责任主体分享新药研发上市带来的收益，有效保护了其研发的积极性，同时也有利于生产企业减少重复投入，增强了药品研发的灵活性，细化了专业分工，优化了资源配置。上海市药监局表示，上市许可持有人制度让研发企业专注研发，生产企业专重生产，动辄兴建药厂产线的时代一去不复返，有效减少了资源的浪费，为企业研发留出更多的空间。

## 二、企业转型阵痛犹在，创新投入空间遭遇多重挤压

近年来多项重要医药政策调整，在推动企业技术创新方面卓有成效，但是也对医药企业形成了比较大的压力，一定程度上影响了企业进行研发投入的能力和意愿。

### （一）激烈价格竞争破坏生态，降低企业研发投入能力

调研结果显示，在现阶段医保集采谈判中，存在唯价格导向、规模效应不够和政策不稳定等现象，极大地压缩了企业尤其是仿制药企业的利润空间，从而削弱了企业研发投入的能力。

福建调研企业反映，部分企业在医保价格谈判中战略性降价，甚至以低于成本的价格参与采购，以此将其他竞争对手挤出医保市场，在目前的政策导向下这

类企业却容易中标。山东和江西部分调研企业表示，集采以价格为主要考核指标，即使企业的产品在其他方面不具备竞争力，只要价格足够低也能中标，导致企业出现低利润甚至负利润，扩大研发投入提升产品质量的能力降低。北京和江西部分调研企业表示，目前不同级别组织的医保集采频率较高、政策稳定性不够、价格降幅要求高而且带量不够充分，企业背负的压力较大。

### （二）一致性评价叠加压力，削弱企业研发投入意愿

调研结果显示，仿制药的一致性评价成本较高且竞争较为激烈，在与医保集中采购的准入门槛、价格谈判和时间窗口等多重政策叠加的压力下，企业开展仿制药一致性评价等研发活动的意愿不强。

重庆调研企业普遍反映，通过一致性评价是参与带量集采的基本要求，中标价远低于一致性评价之前的价格，企业的投入与回报不匹配，质量与价格不匹配，先后出台的两个重大政策让企业措手不及。上海调研企业反映，企业开展一致性评价的成本高昂，对于中小企业而言，全年利润往往还不够做一个仿制药一致性评价，而集采时药价大幅压低，企业通过集采增加的收益十分有限。福建调研企业反映，一致性评价成本高昂，而且还有时间效率方面的要求，企业尤其是小微型企业研发资源的合理分配面临巨大压力。

### （三）流通消费领域成本高企，压缩企业研发投入资源

近年来医药流通消费领域的“两票制”[①]等措施，虽然减少了中间流通环节，但也使得企业需要直接面对更多的销售机构甚至自建销售终端。此外，对于知晓度还不高的创新药品而言，没有成熟销售网络的支撑，企业需要加大直接投入以培育医生和病人的药品使用习惯。销售和管理成本的增加给企业带来很大的资金压力，压缩了企业可用于研发的资源，不利于改变医药行业重营销轻研发的传统局面。

天津、安徽和重庆的调研企业均表示，“两票制”推开以后，一方面部分市场推广和经销商管理等职能转移到医药生产企业身上，企业直接管理的经销商大幅增多，另一方面需要重新整合原有的销售网络和渠道，财务管理的难度和风险加大，销售管理成本和赊销账款均有所增加。北京和福建调研企业反映，即使在医保集采中标的前提下，药品实际上的销量也更多取决于在医院终端的使用率，因此需要建立销售团队增加资金投入来“教育”医生和病人，对于新上市的创新药尤其如

① “两票制”是指药品生产企业到流通企业开一次发票，流通企业到医疗机构开一次发票。

此，这都会增加企业的销售和管理成本。

## 三、医药政策目标多元，统筹和服务水平仍有待提高

医药领域的复杂性直接决定了医药政策的复杂性。医药企业在医药领域扮演重要角色，是改善药品供给质量和提高行业技术水平的主体，鼓励企业技术创新尤其是原始创新，也应是医药政策的核心目标之一。从调研涉及的几项具体政策来看，企业对进一步完善医药政策有如下诉求：

一是要平衡控制医保费用和提高药品质量等多重目标，在医保集中采购中避免恶性价格竞争，保证企业尤其是创新药生产企业合理的利润空间。

二是要统筹医药、医保甚至医院等不同领域改革举措，减少多重政策调整短期叠加和频繁调整对企业的冲击，推动企业就技术积累和技术改进进行长期布局。

三是要提高医药管理和服务水平，整合发展医药流通等上下游及配套服务体系，避免直接转嫁政策改革成本，为企业技术创新投入腾挪空间。

（撰稿人：罗秋实）

# 领军企业基础研究意愿增强 期盼在三方面精准支持引导

大力加强基础研究是提高我国原始创新能力，突破关键核心技术“卡脖子”困境的前提条件。受发展阶段及基础研究门槛高等限制，我国企业开展基础研究的积极性一直不高。据统计，2019 年企业基础研究经费仅占全社会基础研究经费的 3.8%，远低于美国(28.8%)、日本(49.9%)等发达国家水平。国家统计局近日开展的重点选题调研显示，随着各行业领军企业研发能力快速提升，技术竞争不断向创新链高端前移，领军企业加强基础科学研究的意愿增强，并开始围绕关键核心技术攻关的前端环节进行研究布局；企业同时希望能在基础研究人才引进、资金支持和项目申请等方面获得更多政策倾斜。

## 一、调研企业代表我国研发水平第一梯队

本次调研选取了江苏、浙江、广东、四川、贵州、云南和陕西等 7 个地区 242 家重点研发企业，涉及装备制造、医药、通讯、信息、材料等多个重要行业。其中，七成以上为行业领军企业，75%的企业享受到研发加计扣除优惠政策，53.3%的企业承担过国家重点研发项目，19.8%的企业拥有国家重点实验室。调研企业 2019 年户均 R&D 经费投入超过 3.3 亿元，平均 R&D 经费投入强度达到 3.86%，均远超全国企业平均水平(分别为 0.12 亿元和 2.18%)，基本代表了我国企业研发水平的第一梯队。

## 二、领军企业开展基础研究意愿增强

调研了解到，一方面，发达国家对我技术打压愈演愈烈，多数领军企业无法再顺利通过引进或合作方式获取先进技术装备，面临“卡脖子”困境，亟待加强原始创新能力；另一方面，少数已进入“无人区”的龙头企业本身处于领跑状态，已没有可供学习参考的对象，更需抢下基础理论突破这步“先手棋”。数据显示，82%的

调研企业有开展基础研究的需求和愿望。据企业反映，这一比例较前期已明显提升。其中，50.5%的企业表示因处在本领域前部位置，需通过加强基础研究突破技术瓶颈；42.5%的企业拟进入新兴领域，对前沿技术有基础研究需求。此外，还有3.5%企业表示已进入到本领域“无人区”，需要对未知发展方向进行系统探索。

## 三、研究形式以偏向应用的定向基础研究为主

调研表明，现阶段调研企业基础研究以偏向应用方面的定向基础研究为主，鲜有自由探索科学原理的纯基础研究发生，与国外大企业相比，研究层次相对较低。企业普遍对研究方式的选择较为现实，带有较强的目标导向，主要围绕某项技术攻关开展前端研究，循序渐进、小步快跑，以求能不断向创新链条的高端和前端延伸，达到获取知识、跨越门槛的目的。在拟开展基础研究的调研企业中，以核心技术前端研究为目标的企业占比高达80.5%，以获取前沿科学知识积累为目标的企业占比为33.6%，以承担国家或上级任务为目标的企业占比为24.2%，而以纯粹自由探索、发现科学原理为目标的企业仅占2.0%。特别是以医药、新材料和先进装备制造为代表的高技术企业表示，当前基础研究与应用研究、试验发展的交叉融合趋势愈发明显，企业对于基础研究和应用研究的界限已难以分辨，通过技术迭代升级和不断容错试错可以在很大程度上缩小源头理论突破的周期和风险。

## 四、人才、资金和政策不足仍是主要制约因素

尽管意愿有所上升，但调研企业中2019年开展了实质性基础研究的企业仅占14%，经费占比不足2%，企业基础研究仍受多方面因素制约。调研数据显示，缺乏人才（占73.1%）、缺乏资金（占45.0%）和政策支持力度不足（占40.9%）仍被视为当前制约企业基础研究走深做实的主要因素，值得进一步关注。

一是企业人才结构达不到高质量基础研究的要求。企业反映，开展基础研究首要前提是聚集高素质人才和团队，但科研人才择业时往往综合考虑发展平台、社会地位、家庭负担等多重因素，因而更愿意选择平台更高、环境更优的院所和高校，企业仅靠提供高薪难以吸引和留住顶尖人才。如四川、贵州等地企业表示受区域发展空间所限，自身对人才吸引力不足，不得不将基础研究布局向资源聚集地“外迁”；而相对发达的浙江、广东等地部分企业则表示自身激励手段有限，对人员落户、家属安置、小孩上学等“硬核”条件更是难以满足，导致基础研究人才引进难、留住更难。

二是企业基础研究难以获得稳定资金支持。开展基础研究难度大、风险高、

短期收益低甚至无法获得收益，属于企业经营战略中的“自选动作”，单纯依靠企业自有资金难以长期维持，亟需政府提供稳定的引导扶持。企业表示，尽管当地相继出台多项鼓励基础研究的支持政策，但对企业支持力度仍显不足。调研地区普遍反映，目前国家对企业建设的重点实验室挂牌后尚未有固定资金支持或相关补贴措施，实验室运转存在一定困难，个别实验室甚至存在闲置情况；与此同时，企业自身作为主体申报国家自然科学基金等基础科学研究项目相对比较困难，难以获得稳定的政府资金支持。

## 五、企业期盼对基础研究予以政策倾斜

上述掣肘因素减弱了企业开展基础研究的专注性、稳定性和延续性，而这些正是基础研究能力取得突破的关键。为此，多数企业盼望政府对已有支持政策进行适当调整，进一步加大对基础研究活动的精准支持力度。数据显示，调研企业中希望进一步获得“人才引进、户口及家属安置等人才支持”政策的企业占比为61.6%，位列所有政策选项第一位，其后依次为“承担或参与国家基础科研项目”（占60.3%）、“获得贷款或税收减免等财政金融支持”（占49.2%）以及“获得土地、实验室等硬件支持”（占36.8%）。调研企业针对以下三个方面提出了具体建议。

一是创新人才引进、培养和评价机制。浙江、四川和贵州企业建议强化“政府引人、企业用人”模式，政府在引进基础研究人才、促进人才交流和建立多维度考评机制上起主导作用，提升企业基础研究人才的获得感；在解决人才家庭生活后顾之忧方面给予适当政策倾斜，稳定基础研究人员的发展预期。

二是提高政府资金支持力度和精准度。调研地区企业普遍建议提高研发加计扣除减免税政策对基础研究活动的扣除比例，进一步发挥税收杠杆作用；同时期盼国家参照对高校院所重点实验室有关政策，对设在企业的国家重点实验室提供稳定资金支持。浙江、陕西和广东等地企业还建议引入竞争性后补贴、“揭榜制”和“赛马制”等创新机制，让有竞争力的企业脱颖而出，提高政府对基础研究支持的精准度。

三是提供更多软硬件方面政策支持。浙江、四川、贵州和陕西等地企业希望相关部门对企业参与国家基础科学研究项目申报方面给予倾斜，让更多有能力的企业进入到国家基础研究体系大循环；构建统一的基础研究服务共享平台，提高基础研究供需对接水平，推动产学研创新链条的深度融合。

（撰稿人：张启龙）

# R&D 经费投入迈上 2 万亿新台阶<br>基础研究占比首次突破 6%

据科技综合统计年报结果，2019 年我国 R&D 经费投入总量首次突破 2 万亿，投入强度达到 2.23%，双双迈上新台阶。基础研究和政府资金占比持续提升，经费投入结构同步得到优化。但也要看到，原始创新弱、核心技术缺等短板犹存，历史罕见疫情及美国科技霸凌加剧对我国 R&D 投入的影响还需持续关注。

## 一、R&D 经费迈上新台阶，呈现“两高”“两快”新特征

2019 年，我国 R&D 经费投入总量为 22143.6 亿元，比上年增加 2465.6 亿元，增长 12.5%，增速较上年提升 0.7 个百分点，连续四年实现两位数增长，延续了“十三五”以来较快增长的势头。R&D 经费投入强度（R&D 经费与 GDP 之比）为 2.23%，比上年提高 0.09 个百分点[①]，提升幅度创近六年来的新高。

从国际对比看[②]，近年来我国 R&D 经费投入呈现出“两高”和“两快”的特征。“两高”，一是总量高，R&D 经费总量稳居世界第二，2018 年已达美国的 55%左右，是日本的 1.8 倍。按世界银行测算，我国每年 R&D 经费投入已占全球的 1/6。二是增量高，年净增量世界第一。2018 年我国 R&D 经费增量超过两千亿元，相当于同期 G7 国家[③]增量总和的 70%左右。“两快”，一是增速快，“十三五”以来我国 R&D 经费年均增速达到 11.8%，而同期美国、日本和欧盟平均增速分别只有 5.5%、0.9%和 3.7%。二是强度提升快，2018 年我国 R&D 经费投入强度相当于 OECD36 个成员国中的第 13 位，比 2015 年提升 2 位；大体接近欧盟 15 国平

① 根据第四次全国经济普查对 2018 年 GDP 最终核实数据，2018 年 R&D 经费投入强度已修订为 2.14%。

② 本文相关国家和组织的最新数据均为 2018 年。

③ G7 国家指美国、英国、德国、法国、日本、加拿大和意大利。

均水平，近年来提升幅度在世界主要经济体中名列前茅。

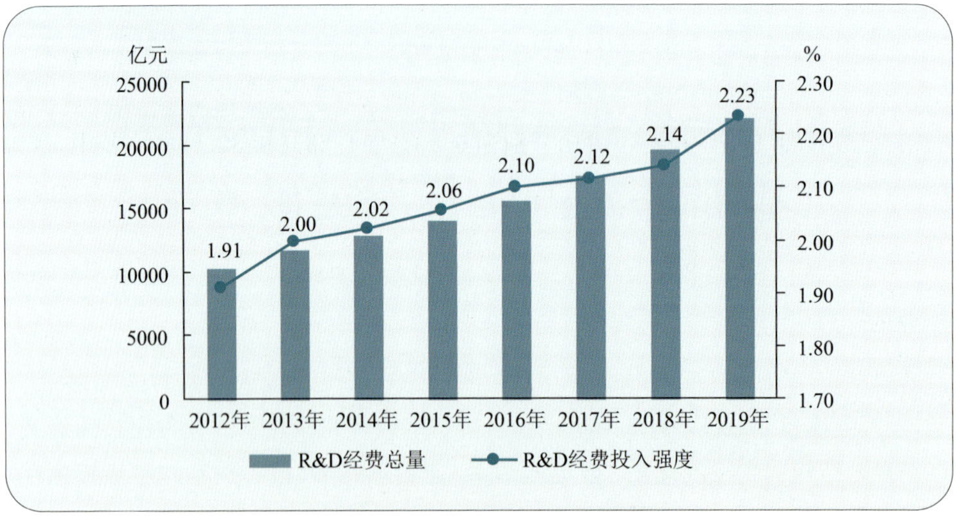


我国 R&D 经费总量及投入强度

## 二、研究机构和高校经费快速增长，拉动作用明显增强

分执行部门看，企业、政府属研究机构和高等学校是我国 R&D 活动的三大执行主体。2019 年，这三大主体 R&D 经费分别为 16921.8 亿元、3080.8 亿元和 1796.6 亿元，分别比上年增长 11.1%、14.5%和 23.2%。其中，政府属研究机构和高等学校增速分别比上年提高 4.0 个和 8.0 个百分点，增速均创五年来的新高。

2019 年，企业、政府属研究机构和高等学校对 R&D 经费增长的贡献分别为 68.5%、15.8%和 13.7%。其中，政府属研究机构和高等学校贡献率分别比上年提升 3.4 个和 4.4 个百分点，对全社会 R&D 经费拉动作用明显增强。

**表 1　按执行部门分 R&D 经费及增长情况**

| | 经费总量（亿元） | | 经费增速（%） | | 对经费增长的贡献率（%） | |
|---|---|---|---|---|---|---|
| | 2019 年 | 2018 年 | 2019 年 | 2018 年 | 2019 年 | 2018 年 |
| **全　　国** | **22143.6** | **19677.9** | **12.5** | **11.8** | **100.0** | **100.0** |
| 企　　业 | 16921.8 | 15233.7 | 11.1 | 11.5 | 68.5 | 75.9 |
| 政府属研究机构 | 3080.8 | 2691.7 | 14.5 | 10.5 | 15.8 | 12.4 |
| 高等学校 | 1796.6 | 1457.9 | 23.2 | 15.2 | 13.7 | 9.3 |
| 其　　他 | 344.3 | 294.6 | 16.9 | 20.6 | 2.0 | 2.4 |

## 三、基础研究经费大幅增加，占比实现历史性突破

分 R&D 活动类型看，2019 年我国基础研究、应用研究和试验发展经费分别为 1335.6 亿元、2498.5 亿元和 18309.5 亿元，分别比上年增长 22.5%、14.0%和 11.7%，在全部 R&D 经费中占比分别为 6.03%、11.28%和 82.69%。其中，基础研究经费增速为近年来最高，比上年大幅提高 10.7 个百分点；基础研究占比首次突破 6%，达到历史最高水平。

三大执行主体基础研究经费均实现较快增长，高等学校、政府属研究机构和企业的基础研究经费分别为 722.2 亿元、510.3 亿元和 50.8 亿元，分别比上年增长 22.4%、20.6%和 51.6%。其中，高等学校和政府属研究机构对全社会基础研究经费增长的贡献分别为 54.0%和 35.6%，是基础研究投入的主要力量。

**表 2　按执行部门分 R&D 经费三分类情况(2019 年)**

| | 基础研究 | | 应用研究 | | 试验发展 | |
|---|---|---|---|---|---|---|
| | 经费(亿元) | 增长(%) | 经费(亿元) | 增长(%) | 经费(亿元) | 增长(%) |
| **全　　国** | **1335.6** | **22.5** | **2498.5** | **14.0** | **18309.5** | **11.7** |
| 企　　业 | 50.8 | 51.6 | 560.7 | −3.0 | 16310.3 | 11.5 |
| 政府属研究机构 | 510.3 | 20.6 | 933.6 | 17.9 | 1636.9 | 10.9 |
| 高等学校 | 722.2 | 22.4 | 879.3 | 23.6 | 195.1 | 24.6 |
| 其　　他 | 52.2 | 19.0 | 124.8 | 14.5 | 167.3 | 18.1 |

## 四、政府资金占比有所回升，政策效果持续显现

分资金来源看，2019 年全社会 R&D 经费中来源于政府部门的资金为 4537.3 亿元，比上年增长 14.0%，增速与上年持平；政府资金所占比重为 20.5%，比上年提高 0.3 个百分点。R&D 经费中来源于各类企业的资金为 16887.2 亿元，增长 12.0%；企业资金占比为 76.3%，比上年下降 0.3 个百分点。

国家鼓励和支持政策进一步落地落实，政策效果持续显现。相关调查结果显示，2019 年在规模以上工业企业中，研发费用加计扣除减免税政策和高新技术企业减免税政策的惠及面①分别达到 66.0%和 56.2%，分别比上年提高 2.2 个和

① 本文中某项政策惠及面指开展创新活动企业中享受该政策企业占比。

0.1个百分点；企业对这两项政策的认可度①分别达到87.1%和88.9%，分别比上年提高2.8个和2.2个百分点。

## 五、中西部地区追赶步伐加快，区域发展战略成效凸显

2019年，我国东、中、西部地区R&D经费分别为15122.5亿元、4162.6亿元和2858.5亿元，分别比上年增长10.8%、17.7%和14.8%，中、西部地区增速均快于东部地区，追赶步伐持续加快。京津冀、长三角地区R&D经费分别为3263.3亿元和6727.9亿元，分别比上年增长14.0%和12.9%；长江经济带R&D经费突破万亿，达到10562.5亿元，比上年增长14.7%。

**表3　按区域分R&D经费及增长情况**

| | 2019年R&D经费 | | |
|---|---|---|---|
| | 总量(亿元) | 增长(%) | 占全国比重(%) |
| **全　　国** | **22143.6** | **12.5** | **100.0** |
| #1. 东部地区 | 15122.5 | 10.8 | 68.3 |
| 2. 中部地区 | 4162.6 | 17.7 | 18.8 |
| 3. 西部地区 | 2858.5 | 14.8 | 12.9 |
| #京津冀 | 3263.3 | 14.0 | 14.7 |
| #长三角 | 6727.9 | 12.9 | 30.4 |
| #长江经济带 | 10562.5 | 14.7 | 47.7 |

2019年，R&D经费超过千亿元的省(市)有6个，与上年持平，分别是广东(3098.5亿元)、江苏(2779.5亿元)、北京(2233.6亿元)、浙江(1669.8亿元)、上海(1524.6亿元)和山东(1494.7亿元)。R&D经费投入强度超过全国平均水平的省(市)达到7个，分别是北京(6.31%)、上海(4.00%)、天津(3.28%)、广东(2.88%)、江苏(2.79%)、浙江(2.68%)和陕西(2.27%)(详见附表)。

## 六、短板弱项问题犹存，国内外不利因素不可忽视

在各方共同努力下，2019年全社会R&D经费总量继续保持快速增长，主要

① 本文中某项政策认可度指享受该政策企业中认为该政策对本企业开展创新活动影响程度为"效果明显"的企业占比。

结构指标持续向好。但也要清醒认识到，我国 R&D 经费投入仍存在一些问题，一是R&D 经费投入仍显不足，投入强度尚未达到 OECD 国家(2.40%)的平均水平，与美国(2.83%)、日本(3.26%)等顶尖科技强国相比还有较大差距；二是基础研究短板犹存，尽管基础研究经费占比已突破 6%，但相比发达国家普遍 15%以上的水平仍然差距很大；三是资金来源结构有待进一步优化，虽然近年来政府资金占比保持回升态势，但仍徘徊在 20%左右，低于发达国家 25%—35%的水平；四是经费投入质量和效率还需进一步提升，成果转移转化和产业化效率较低，产出大而不强、多而不优的情况还普遍存在。

此外，受当前疫情冲击和美国科技霸凌加剧的不利影响，国内经济下行压力加大，部分企业经营情况恶化。OECD 组织最新研究表明，企业 R&D 投入普遍具有“顺周期”的特征，企业 R&D 投入会随着经营效益下行而收紧，而 R&D 投入的恢复将明显滞后于企业经营状况的好转，R&D 投入的不确定性需重点予以关注。

2020 年是全面建成小康社会和“十三五”规划收官之年，也是我国科技创新抢抓新机、开创新局的关键之年。建议在专注做好“六稳”“六保”工作基础上，进一步巩固和完善 R&D 经费投入机制。一是尽可能加大或维持财政经费支持力度，确保各项支持政策落实落细，在复杂形势下发挥好政府投入对全社会 R&D 投入的引导和拉动作用。二是积极拓宽经费投入渠道，鼓励社会各界增加 R&D 经费投入，大力发展社会研发机构，稳定基础研究支持力度，开创多元化投入新局面。三是提高资金利用效率，努力实现对关键技术和核心领域的精准支持，深化科研管理和考评机制改革，进一步提高科研人员主动性和自主权。四是把握关键节点，聚焦“十四五”经济社会发展重大需求和创新型国家建设目标，规划好今后一段时期我国科技创新经费投入的总体目标和实现路径。

**附表　2019 年各地区 R&D 经费情况**

| 地　区 | R&D 经费(亿元) | R&D 经费投入强度(%) |
|---|---|---|
| **全　国** | **22143.6** | **2.23** |
| 北　京 | 2233.6 | 6.31 |
| 天　津 | 463.0 | 3.28 |
| 河　北 | 566.7 | 1.61 |
| 山　西 | 191.2 | 1.12 |
| 内蒙古 | 147.8 | 0.86 |
| 辽　宁 | 508.5 | 2.04 |
| 吉　林 | 148.4 | 1.27 |
| 黑龙江 | 146.6 | 1.08 |
| 上　海 | 1524.6 | 4.00 |
| 江　苏 | 2779.5 | 2.79 |
| 浙　江 | 1669.8 | 2.68 |
| 安　徽 | 754.0 | 2.03 |
| 福　建 | 753.7 | 1.78 |
| 江　西 | 384.3 | 1.55 |
| 山　东 | 1494.7 | 2.10 |
| 河　南 | 793.0 | 1.46 |
| 湖　北 | 957.9 | 2.09 |
| 湖　南 | 787.2 | 1.98 |
| 广　东 | 3098.5 | 2.88 |
| 广　西 | 167.1 | 0.79 |
| 海　南 | 29.9 | 0.56 |
| 重　庆 | 469.6 | 1.99 |
| 四　川 | 871.0 | 1.87 |
| 贵　州 | 144.7 | 0.86 |
| 云　南 | 220.0 | 0.95 |
| 西　藏 | 4.3 | 0.26 |
| 陕　西 | 584.6 | 2.27 |
| 甘　肃 | 110.2 | 1.26 |
| 青　海 | 20.6 | 0.69 |
| 宁　夏 | 54.5 | 1.45 |
| 新　疆 | 64.1 | 0.47 |

（撰稿人：张启龙）

# 我国首次迈入创新强劲型国家行列

——《欧洲创新记分牌》视角下的中国创新发展

日前，欧盟发布了2020年《欧洲创新记分牌》(European Innovation Scoreboard，以下简称EIS)，结果显示，2019年中国首次迈入创新强劲型国家行列，综合创新指数增幅居世界主要经济体的首位。

## 一、EIS评价体系与主要结果

从2001年开始，欧盟委员会每年编制并发布EIS，对欧盟及其成员国以及世界主要经济体的创新表现进行综合评价。近年来，国家统计局持续对EIS的主要评价结果进行追踪分析，通过国际视角，动态掌握我国综合创新能力发展变化情况，查找创新能力发展的短板，为国家创新体系建设提供参考。

### (一)评价方法体系

2020年EIS的评价指标体系与上年保持一致，由创新环境、创新投入、创新活动和创新成效4个领域(一级指标)、10个分领域(二级指标)和27个评价指标(三级指标)构成，综合反映一个国家或地区的创新表现(详见附表1)。

EIS通过构建综合创新指数(Summary Innovation Index，简称SII)的方法，对参评国家和地区的创新整体情况进行综合评价，同时以SII分值为依据，对参评国家或地区进行横向国际比较和纵向趋势分析。根据SII分值与欧盟的相对关系，参评国家或地区被划分为四种类型：创新领先型国家(SII分值是欧盟分值的125%及以上)、创新强劲型国家(欧盟分值的95%－125%)、创新追赶型国家(欧盟分值的50%－95%)和创新落后型国家(欧盟分值的50%及以下)。

### (二)主要评价结果

测算结果显示，2019年欧盟27国全口径综合创新指数为0.507，以2012年为

100的相对分值[①]为108.9，比2012年提高8.9个百分点（详见附表2）。

为进行国际比较，EIS同时对欧盟成员国之外的世界主要经济体的创新情况进行评价。受数据可得性等限制，用于国际比较的综合创新指数仅使用16个评价指标进行测算（详见附表1中带*的指标）。2019年欧盟国际比较口径的SII相对分值为103，比2012年提高3个百分点。按照上述创新类型划分标准，2019年，韩国和加拿大SII分值分别是欧盟分值的138%和125%，均位列创新领先型国家行列；澳大利亚、日本、美国和中国SII分值分别是欧盟的114%、105%、99%和95%，均属于创新强劲型国家；巴西分值为欧盟的64%，属于创新追赶型国家；俄罗斯、印度和南非均低于欧盟的50%，属于创新落后型国家（详见图1）。

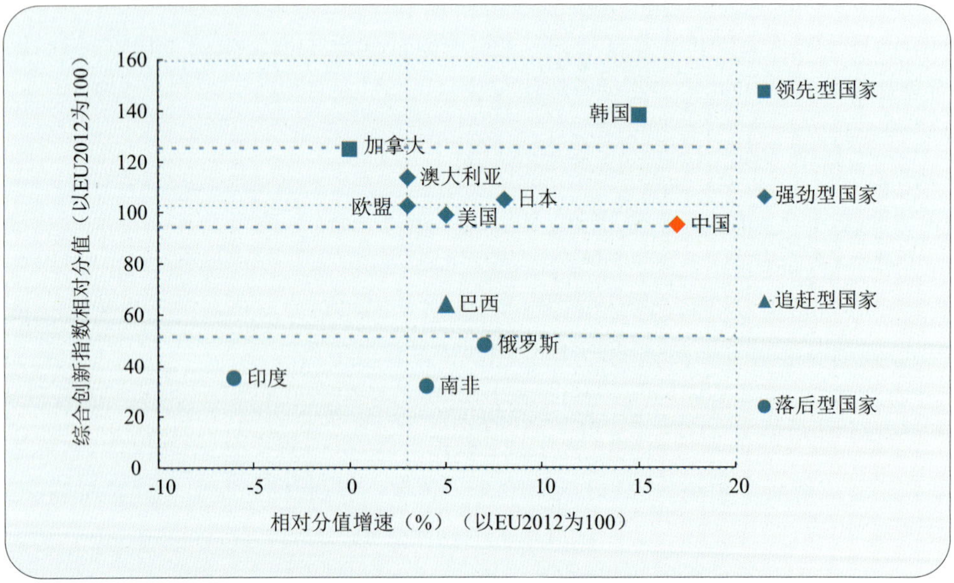


**图1　主要经济体综合创新指数相对分值及其增长情况**

注：本图中综合创新指数相对分值指以欧盟2012年绝对分值为100，计算某国2019年相对于欧盟2012年的分值。相对分值增速指以欧盟2012年绝对分值为100，某国2019年相对分值与2012年相对分值之间的差距，计算方法为：

$$相对分值增速=\left(\frac{某国2019年分值}{欧盟2012年分值}-\frac{某国2012年分值}{欧盟2012年分值}\right)\times 100$$

① 综合创新指数相对分值指以欧盟2012年绝对分值为100，计算某国相对于欧盟2012年的综合创新指数分值。

## 二、中国综合创新表现尤为亮眼

在世界主要经济体中，中国的综合创新表现尤为亮眼。

### (一)首次迈入创新强劲型国家行列

中国自被纳入EIS的评价范围后，2015年及以前年份的SII分值均低于欧盟分值的50%，属于创新落后型国家；2016年SII分值跃升至欧盟分值的79%，首次进入创新追赶型国家行列；2019年中国SII分值攀升至欧盟的95%，首次跨入创新强劲型国家行列，仅用4年时间实现了由创新落后型国家向创新强劲型国家的跨越。

### (二)综合创新指数增幅居世界首位

以2012年为基期，2019年中国SII相对分值增幅高达17%，居世界主要经济体首位，超过韩国(15%)，显著高于日本(8%)、俄罗斯(7%)、美国(5%)、巴西(5%)、南非(4%)和澳大利亚(3%)等国，是欧盟平均水平的近6倍(详见图1)。

### (三)综合创新指数有望赶超美欧

根据EIS报告短期预测结果，以2012年为基期，预计2020年我国综合创新指数将提高19个百分点，中国综合创新指数与欧盟平均水平之间的差距将进一步缩小。如果延续当前的发展趋势，中国的综合创新指数将于2—3年内超越美国和欧盟。

## 三、中国创新体系建设的优势与不足

与欧盟及其他世界主要经济体相比，现阶段中国创新体系的发展结构不够均衡，优势和短板都比较明显。

### (一)我国创新体系建设的主要优势

1. 企业研发经费规模增长较快，投入主体地位日益突出

从EIS评价指标分值看，2019年我国企业R&D投入强度指标相对分值为114.8，与欧盟同期水平(114.6)基本持平；比2012年提高8.6%，增幅仅次于欧盟(14.6%)，明显高于韩国(3.4%)，而同期其他国家均处于负增长的状态。

从企业研发投入总量看，2018年我国企业R&D经费支出为1.5万亿元，与GDP之比为1.69%，高于同期欧盟的水平(1.45%)；与2012年相比，我国该比重提高0.24个百分点，而同期欧盟仅提高0.13个百分点。从研发经费构成看，2018年我国企业R&D经费在全社会R&D经费中所占比重为77.4%，比欧盟平均水平高11.0个百分点。

2. 知识产权保护意识较强,创新产出水平大幅攀升

从EIS评价指标分值看,2019年我国商标申请数和设计申请数的相对分值分别为331.5和210.8,均居世界主要经济体前列,分别是欧盟同期水平的3.1和2.5倍。从相对分值变化情况来看,2012年以来,我国商标申请量和PCT专利申请量两个指标增幅最大,分别为100.9%和18.6%;此外,引用率前10%的科学出版物占比的相对得分也提高了33.5%,与欧盟同期水平基本相当。

从知识产权产出水平看,2018年我国每亿元GDP专利申请量为4.8件,比2012年增长26.1%;每百亿元GDP的PCT专利申请量为5.9件,比2012年增长71.4%。从科技论文引用情况看,2008—2017年期间,我国SCI收录科技论文的影响因子为10.92,比2003—2012年期间提高66.2%。

(二)我国创新体系建设的主要短板

1. 创新人才培养层次偏低,科技领军人才相对不足

从EIS评价指标分值看,2019年我国新毕业博士生指标相对分值为11.1,仅为欧盟的十分之一,在世界主要经济体中仅略高于印度(6.6)。从相对分值变化情况看,与2012年相比,2019年我国新毕业博士生指标相对分值有所降低(—1.6),而同期欧盟提高了10.1个点,差距进一步扩大。

从理工科高等教育情况看,我国高端技术型人才培养水平仍然偏低。2018年我国每千名20—29岁人口中当年理工科毕业生人数为10.3人,其中研究生毕业生1.3人,远低于欧盟2016年的水平(分别为19.3人和7.6人)。

从研发人员构成看,我国企业研发人员的技术水平和知识水平均较为欠缺。2019年我国企业R&D人员全时当量中研究人员占比为33.4%,远低于欧盟2017年58.1%的水平;我国企业R&D人员中接受过高等教育的人员占比为55.7%,其中,R&D人员中研究生学历人员占比仅为8.2%,均远低于创新强劲型国家的水平(如比利时2017年这两项指标分别为91.4%和20.5%)。

2. 技术创新协作水平偏低,企业产学研合作投入相对不足

从EIS评价指标分值看,2019年我国每百万人口拥有合作出版物数量指标相对分值仅为35.5,不到欧盟同期水平的1/3。从相对分值变化情况看,与2012年相比,2019年我国企业在科研机构和高等院校等公共机构(以下简称"公共机构")中投入的R&D经费指标分值减少了7个百分点。

从研发项目情况看,我国公共机构接受企业委托开展的科技项目平均规模偏小,2018年科研机构和高等院校有20.6%的研发项目属于企业委托项目,但是项目投入经费占比仅为12.3%;平均每个项目投入经费14.6万元,远低于所有项目

的平均水平(24.4万元)。

从研发资金来源看,公共机构研发经费投入中企业资金的比例也有所下降。2018年我国公共机构R&D经费中来自企业的资金占比为11.8%,比2012年下降1.4个百分点。

3. 技术创新产业转化水平偏低,高技术产业国际竞争力相对不足

从EIS评价指标分值看,与2012年相比,2019年我国中高端技术产品出口额相对分值为93.2,比同期欧盟水平低18.9%,与2012年相比下降4.5%。

从新产品销售情况看,2018年我国规上工业企业新产品销售收入中,出口所占比重为18.3%,比2012年下降1.5个百分点。

从高技术产品出口情况看,2018年我国高技术产品出口贸易额占全部工业制品出口贸易总额比重为31.6%,比高技术产品进口贸易额占比低14.8个百分点。近年来我国高技术产品出口贸易顺差不断收窄,2018年占全部工业制品贸易顺差额的8.4%,比2012年下降3.9个百分点。

按照《欧洲创新记分牌》的评价结果,2019年我国已经迈入创新强劲型国家行列。但近年来我国综合创新指数的大幅攀升,主要得益于创新投入尤其是企业创新投入规模的扩大,以及专利、商标和设计等直接创新成果的快速增长,国家创新体系建设中存在的结构性问题依然比较突出。产业技术创新体系和链条尚有待完善,高端人才培养供给水平有待进一步提高,不同主体间的协同创新效应有待进一步发挥,技术创新产业转化能力尤其是国际竞争力有待进一步增强,这些都是今后我国创新体系建设中需要重点关注和解决的问题。

**附表1　欧洲创新记分牌评价指标体系**

| 一级指标 | 二级指标 | 三级指标 |
| --- | --- | --- |
| 创新环境 | 人才队伍 | 25—34岁人口中新博士毕业生数(‰)* |
| | | 25—34岁人口中完成高等教育人口所占比重(%)* |
| | | 25—64岁人口中接受教育或培训人员所占比重(%) |
| | 研究体系 | 每百万人口拥有国际科学出版物数* |
| | | 引用率前10%的科学出版物所占比重(%)* |
| | | 外国博士留学生所占比重(%) |
| | 营商环境 | 100M以上宽带企业接入率(%) |
| | | 机会驱动型企业家与生存驱动型企业家之比 |
| 创新投入 | 社会投入 | 公共部门R&D经费投入与GDP之比* |
| | | 初创阶段风险投资与GDP之比 |
| | 企业投入 | 企业R&D经费投入与GDP之比* |
| | | 非R&D创新费用与主营业务收入之比 |
| | | 开展ICT相关培训企业占比(%) |
| 创新活动 | 中小创新者 | 实现产品或工艺创新中小企业占比(%)* |
| | | 实现组织或营销创新中小企业占比(%)* |
| | | 开展内部创新活动中小企业占比(%) |
| | 创新联系 | 开展创新合作中小企业占比(%)* |
| | | 每百万人口拥有公私合作出版物数量* |
| | | 私营企业在公共部门中的R&D经费投入与GDP之比* |
| | 知识产权 | 每十亿GDP PCT专利申请数* |
| | | 每十亿GDP商标申请数* |
| | | 每十亿GDP设计申请数* |
| 创新成效 | 就业影响 | 知识密集型行业从业人员占比(%) |
| | | 高成长企业从业人员占比(%) |
| | 经营影响 | 中高技术产品额出口占比(%)* |
| | | 知识密集型服务出口额占比(%)* |
| | | 创新实现销售收入占营业收入比重(%) |

注:带*的指标为用于国际比较的指标。

**附表 2　2019 年欧盟各国综合创新指数(SII)分值及排序**

| 类　型 | 地　区 | SII 分值 | 排序 |
|---|---|---|---|
| EU | | 0.507 | — |
| 创新领先型国家 | 瑞典 | 0.713 | 1 |
| | 芬兰 | 0.709 | 2 |
| | 丹麦 | 0.682 | 3 |
| | 荷兰 | 0.648 | 4 |
| | 卢森堡 | 0.639 | 5 |
| 创新强劲型国家 | 比利时 | 0.615 | 6 |
| | 德国 | 0.608 | 7 |
| | 奥地利 | 0.596 | 8 |
| | 爱尔兰 | 0.568 | 9 |
| | 法国 | 0.530 | 10 |
| | 爱沙尼亚 | 0.502 | 11 |
| | 葡萄牙 | 0.490 | 12 |
| 创新追赶型国家 | 塞浦路斯 | 0.451 | 13 |
| | 西班牙 | 0.432 | 14 |
| | 斯洛文尼亚 | 0.431 | 15 |
| | 捷克 | 0.427 | 16 |
| | 马耳他 | 0.426 | 17 |
| | 意大利 | 0.420 | 18 |
| | 立陶宛 | 0.404 | 19 |
| | 希腊 | 0.389 | 20 |
| | 斯洛伐克 | 0.338 | 21 |
| | 匈牙利 | 0.337 | 22 |
| | 拉脱维亚 | 0.320 | 23 |
| | 波兰 | 0.299 | 24 |
| | 克罗地亚 | 0.298 | 25 |
| 创新落后型国家 | 保加利亚 | 0.230 | 26 |
| | 罗马尼亚 | 0.160 | 27 |

（撰稿人：罗秋实）

# 从《欧盟产业研发投入记分牌》看我国研发投入

日前，欧盟委员会发布了《2019 年产业研发投入记分牌》(下文简称《记分牌》)报告。这是欧盟自 2004 年以来第 16 次发布《记分牌》报告，也是自 2015 年以来第 5 次发布中国企业研发投入数据。从《记分牌》看我国研发投入，是一个与官方统计不一样的视角。

## 一、《记分牌》视角下的中国企业研发投入

《记分牌》由欧盟联合研究中心(JRC)编制，每年对全球研发实力排名前列的企业进行分析研究。2015 年中国企业首次进入《记分牌》，当年有 199 家企业入选全球 2500 强，研发投入所占份额为 5.9%。至 2019 年，中国进入《记分牌》的企业已达 507 家，研发投入所占份额快速提升至 11.7%，在全球产业研发中扮演着越来越重要的角色。

按照《记分牌》研究结果，2019 年进入《记分牌》的中国企业研发投入呈现“三高”和“三低”的特点。

“三高”，一是入选企业占比高，中国企业(507 家)占《记分牌》入选企业总数(2500 家)的 20.3%，仅次于美国(30.8%)。二是增速高，2015 年以来中国企业研发投入持续以 20%左右的速度增长，2019 年更是高达 26.7%，显著高于美国(10.3%)，更高于欧盟(4.7%)和日本(3.9%)。三是总量相对较高，中国企业研发投入占《记分牌》全球企业份额的 11.7%，仅次于美国(38%)和日本(13.3%)。

“三低”，一是行业集中度低，中国企业在行业分布上较为分散，在高投入强度①(>2%)行业的投入份额仅占 75.5%，远低于美国(96.1%)、日本(92.2%)和

---

① 《记分牌》中研发投入强度为研发经费与销售收入之比。

欧盟(86.1%)。二是投入强度低,中国企业平均研发投入强度仅为3.0%[①],明显低于美国(6.6%),也低于日本(3.5%)和欧盟(3.4%);其中,医疗健康领域投入强度仅为4.5%,远低于美国(12.3%)、欧盟(12.2%)和日本(12.1%)。三是投入集约度低,美国入选企业是中国的1.5倍,而研发投入是中国的3.2倍;中国入选企业是日本的1.6倍,而研发投入仅为日本的88%。

## 二、《记分牌》与官方研发统计的关系

按照《记分牌》原文说明,《记分牌》所使用的研发数据均来源于相关企业(集团)公开披露的财报,而非各国官方统计数据。由于各国官方研发统计普遍以《弗拉斯卡蒂》手册[②]为统计标准,因此《记分牌》所采用的统计原则和方法与官方统计有所不同。一是从统计对象看,官方企业研发的统计对象是企业法人单位或产业活动单位,《记分牌》是企业集团。二是从统计原则看,为避免国别间重复统计,官方统计只统计境内发生的研发费用,《记分牌》还包括企业在境外的投入;为避免企业间重复统计,官方统计只统计企业内部开展的研发活动费用,《记分牌》还包括企业委托其他企业或机构进行研发的投入。三是从样本范围看,官方统计要求对一个国家或地区进行整体描述,《记分牌》只选取可取得财报的部分企业。此外,在报告期规定、行业分类标准等方面,官方统计与《记分牌》也不尽相同。因此,《记分牌》中的企业研发数据与各国官方统计数据在一定程度上存在不可比的情况。

总的来说,《记分牌》聚焦于产业,主要面向企业管理者、投资者、决策者;而官方统计基于国别,主要供政府、学者和国际组织使用。两者目的不同,方法有异,各有所长。

## 三、从官方统计数据看我国研发投入的特点

### (一)我国已成为研发投入大国

1. R&D投入总量稳居世界第二

根据各国官方统计结果,我国R&D投入总量自2013年超越日本以来一直稳居世界第二,且与美国的差距逐年缩小。从增速看,我国近10年R&D投入年均

① 《记分牌》报告的摘要与正文中分别将中国企业平均研发投入强度写为2.7%和3.0%,应为有误。此处引用报告正文的数据。

② 《弗拉斯卡蒂》手册为OECD组织编写发布的研发统计国际规范,目前已发布第7版。

增速达15.6%，远高于同期的美国（3.6%）、日本（0.3%）和欧盟（3.4%），在世界主要经济体中遥遥领先。按世界银行有关数据测算，我国R&D投入已占全球总量的约1/6。

2. R&D投入总量已远超日本

据官方统计数据，我国R&D投入总量已远超日本。从全社会R&D投入看，2018年我国共投入R&D经费19677.9亿元，日本共投入R&D经费179190亿日元，按汇率折算，我国全社会R&D投入约为日本的1.8倍。从企业R&D投入看，2018年我国企业R&D投入为15233.7亿元，日本企业R&D投入为142316亿日元，按汇率折算，我国企业R&D投入约为日本的1.8倍。

3. R&D投入总量相当于美国的一半以上

据官方统计数据，我国R&D投入总量与美国的差距逐年缩小。按汇率折算，2013年我国研发投入初居世界第二时，全社会R&D经费约为美国的42%；至2018年，这一比例已超过50%。从企业R&D投入看，OECD最新数据显示，2018年美国企业R&D投入为4220.7亿美元，按汇率折算，我国企业R&D投入约为美国的55%。

4. R&D投入的企业集中度相对较低

据官方统计数据，分企业规模看，2018年我国大型、中型和规上小型企业R&D投入分别占55.8%、21.8%和22.4%。同口径与日本比较，我国从业人员1000人以上的企业所投入的R&D经费占企业R&D投入总量的55%，而同期同规模日本企业R&D投入占企业投入总量的84%。可见从研发投入的企业集中程度看，我国远低于日本。

### (二)我国距研发投入强国尚有差距

1. 基础研究投入相对不足

近年来，随着创新驱动发展战略持续深入推进，我国R&D投入总量保持较快增长，为科技实力明显提升提供了有力保障。但另一方面，R&D投入的结构性矛盾也日益凸显，集中表现在对基础研究的重视依然不足。官方统计数据显示，我国R&D投入增长主要靠企业推动。在2018年全社会R&D投入增量中，企业的贡献超过3/4。由于基础研究主要发生在高校和院所，很少发生在企业，我国的基础研究占比一直在低水平徘徊。虽然近年来我国基础研究投入不断增加，占比有所提升，但2018年仍仅为5.5%，与美国（17%）、日本（13.7%）等科技强国相比差距较大。

2. 研发投入强度仍然偏低

与投入总量相比，投入强度更能体现社会资源对研发活动的配置情况。近年来，我国 R&D 投入强度不断提升，全社会 R&D 投入强度[①]已达 2.19%，超过 2018 年欧盟 15 国平均水平（2.17%），相当于 OECD36 个成员国中的第 13 位。但也应看到，与美国（2.83%）、日本（3.26%）等世界科技强国相比，我国 R&D 投入强度仍有较大差距，实现赶超仍任重道远。

3. 高技术产业投入相对不高

高技术产业是各国企业研发投入的重点领域，但目前我国高技术不"高"的问题仍未有明显改观。如在新冠疫情国际蔓延下备受关注的医药制造业，2018 年我国该行业企业 R&D 投入强度[②]为 2.43%，与美国（11.2%）相比仍有较大差距；该行业 R&D 投入仅占企业投入总量的 3.8%，远低于美国（16.6%）。又如同属高技术产业的计算机和办公设备制造业，2018 年我国该行业企业 R&D 投入强度仅为 1.10%，也远低于美国（9.8%）。高技术产业研发投入份额相对较少、强度相对不高，也是我国企业研发投入强度整体偏低的原因之一。

总之，我国 R&D 投入仍存在大而不强、多而不优的情况，投入效率还有待进一步提升。为此，应进一步加强研发投入资源配置的系统性、针对性，加大财政支持力度，完善政策激励措施，提高资金使用效率，在关注投入总量的同时大力改善投入结构，为实现世界科技强国宏伟目标打下坚实基础。

（撰稿人：李胤）

① 全社会 R&D 投入强度为 R&D 经费与 GDP 之比。

② 企业 R&D 投入强度为 R&D 经费与营业收入之比。

# 基础研究投入占比明显偏低<br>多元化投入格局尚待加强

基础研究是科技创新的总开关，人类历史上每一项颠覆性的技术进步，无一不源于基础理论的重大突破。稳定增加基础研究经费投入，是现阶段提高我国基础研究水平的前提和保障。据国家统计局科技综合年报数据，近年来我国基础研究经费较快增长，2019 年占全社会 R&D 经费比重首次超过 6%，但与世界科技强国相比依然差距明显，在经费投入结构、产出成效和融合发展等方面仍存在诸多问题，形成多元化投入机制需从三个方面聚力攻坚。

## 一、基础研究经费占比首超 6%，但短板依然突出

党的十八大以来，国家高度重视基础研究投入，我国基础研究经费保持较快增长势头。2019 年，全社会 R&D 经费中基础研究经费为 1335.6 亿元，比上年增长 22.5%，是 2012 年的 2.7 倍；2012—2019 年，基础研究经费年均增长 15.1%，比全社会 R&D 经费增速快 3.6 个百分点，增速遥遥领先于美国（4.7%）、日本（2.2%）和法国（0.5%）等主要发达国家[①]。2019 年，我国基础研究经费占全社会 R&D 经费比重为 6.03%，比上年提高 0.49 个百分点，创历史新高。

虽然我国基础研究投入增长较快，但整体上与世界先进水平仍然存在明显差距。从总量看，目前我国基础研究经费仅相当于美国（约 6700 亿元）的 1/5，也略低于日本（约 1480 亿元），位居世界第三位；从占比看，我国基础研究经费占比刚突破 6%，主要发达国家已接近或长期稳定在 15% 以上，如 2018 年美国为 16.6%，法国为 22.7%，差距比较明显。

① 美国、日本、韩国基础研究数据截止到 2018 年，法国数据截止到 2017 年。

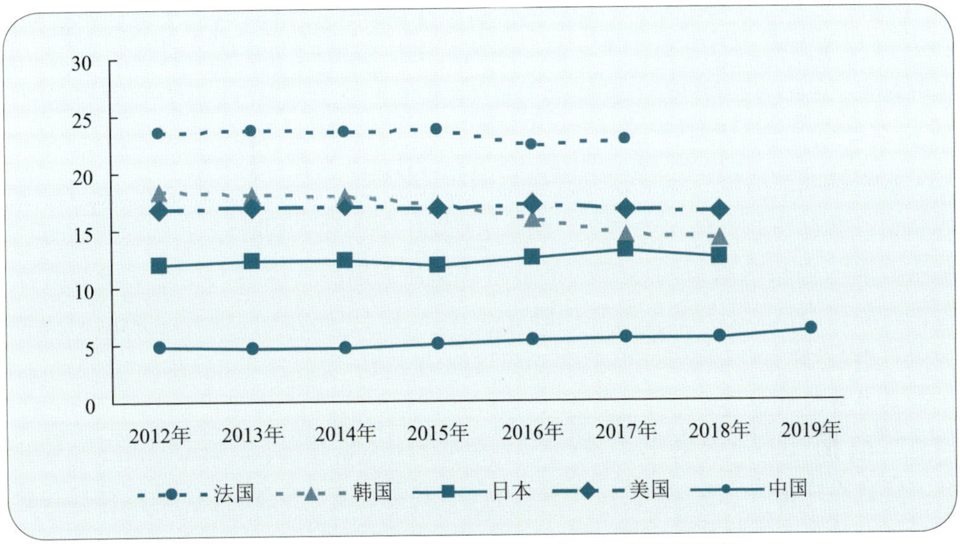


图　主要国家基础研究经费占 R&D 经费比重(%)

## 二、高校院所投入提速，但企业积极性不高

从执行主体看，高校和政府属科研机构(以下简称科研机构)是我国基础研究投入的主阵地。2019 年，二者基础研究经费分别为 722.2 亿元和 510.3 亿元，占全部基础研究经费的比重分别为 54.1%和 38.2%。随着“双一流”“研究型”大学建设持续推进，大科学装置和重大科技基础设施不断完善，高校和科研机构基础研究投入明显提速。2019 年，高校和科研机构基础研究经费分别比上年增长 22.4%和 20.6%，增速均创近七年来的新高。

与之相对，企业对基础研究投入积极性不高的状况仍无明显改观。2019 年，企业基础研究经费投入为 50.8 亿元，仅占全部基础研究经费的 3.8%。基础研究难度高、周期长和短期难以获得收益等特点，使得只有极少数迈入“无人区”的顶尖企业敢于触碰。据调研了解，多数面临技术瓶颈的企业没有对技术背后的科学原理进行深入探究，而旨在加强企业基础研究而设立在企业的国家重点实验室还远未能有效发挥生力军的作用，实质性基础研究投入明显不足。

## 三、财政资金提供重要支撑，但多元化投入格局尚未形成

从资金来源看，目前我国基础研究经费主要来源于政府资金。2019 年，科研机构和高校 R&D 经费中，政府资金占比分别高达 83.8%和 58.4%，其中大部分

用于基础研究。中央财政对稳定基础研究投入发挥了重要作用。有关数据显示，2019 年仅中央财政本级用于支持基础研究的支出就达 671.2 亿元，超过全部基础研究经费的一半，仅国家自然科学基金即承担了近 1/4 基础研究经费的资助任务。

过于依赖政府资金也反映出我国基础研究资金来源结构不够合理，来自企业或其他社会部门的资金很少，多元化投入机制还未形成。国际上主要发达国家已基本形成了包括政府机构、高校、企业和其他社会部门共同参与的多元化投入格局。以美国为例，2017 年美国基础研究经费中，来自企业和其他社会部门的资金占比分别为 28.8%和 12.9%，远高于我国相应水平(分别为 3.8%和 3.9%)。

## 四、基础研究成果数量攀升，但产出质量和效率有待提高

从成果产出看，近年来我国在量子科学、铁基超导、干细胞、空间探索等基础研究领域取得了一批重大成果。据统计，2018 年国际两大检索工具科学论文索引(SCI)和工程索引(EI)分别收录我国科技论文 41.8 万篇和 26.8 万篇，均为 2012 年的 2.2 倍。我国论文产出数量已稳居世界第二位，仅次于美国。

但“量”的积累未能实现“质”的全面突破，尽管我国发表论文数量持续攀升，但低影响力论文占据多数。根据基本科学指标数据库(ESI)数据，2008—2018 年 10 年间，我国论文单篇被引用率仅为 10.0 次/篇，显著低于美国(17.9 次/篇)、英国(18.3 次/篇)、德国(16.7 次/篇)等第一梯队国家，也低于世界平均水平(12.6 次/篇)。成果产出质量不高折射出经费利用效率有待提升。2019 年，我国基础研究人员的人均经费约为 34 万元/人年，比上年下降 4.7%，远低于从事应用研究(41 万元/人年)和试验发展(48 万元/人年)的人均水平。在执行层面，部分经费并没有真正用来开展基础研究，知识产出和原始创新效率偏低。

## 五、创新链融通合作成新趋势，但产学研对接渠道不畅

随着新一轮科技革命加速演进，除了传统以自由探索为主的纯基础研究，面向经济社会重大需求开展的定向基础研究已成为新的时代特征。深化产学研各主体融通合作已成为科技强国的共同选择，美国硅谷便是这一发展趋势催生的典型代表。

我国产学研合作目前还呈现“窄且不深”的特征，难以适应创新链融合发展的

需要。2019 年，在规模以上工业企业中，产学研合作企业覆盖面[①]仅为 36.6%，远低于科技强国一般 60%以上的水平，并且近年来呈现出波动下降态势。合作形式较为松散单一，仍以短期共同完成项目为主(占 67.8%)，合作建立研发机构等长效机制明显缺乏(占 30.2%)。产学研合作深度和稳定性不足，供需对接渠道不畅，不利于基础研究成果向核心技术突破转化。

## 六、弥补基础研究投入短板，需从三方面聚力攻坚

基础研究能力的突破，需要长时间的科学积淀和稳定增加的经费投入。当前，加快弥补我国基础研究投入短板可考虑主要从以下三方面着手。

一是政府投入要“稳中有进”，重在精准高效。要稳定扩大中央财政支持，鼓励地方政府加大投入，同时注重提高资金投放精度和效度，在分类评价体系上突出科学贡献和差异化，在具体资助过程中施行分层次引导和分阶段支持，在完善政策体系方面将基础研究资金捐赠作为减税依据。

二是企业投入要“加快步伐”，重在有效引导。要让企业充分认识到开展基础研究的重要性和紧迫性，增强投入的主动性。要以国家重点实验室和新型研发机构所在企业为抓手，通过提供示范性启动资金，引导企业和其他社会主体实质性增加基础研究投入。

三是各执行主体要“形成联动”，重在机制创新。高校院所要主动适应创新链融合新趋势，深度对接企业技术需求，通过共建研发机构、互派科研人员等方式，深化长效合作，凝练科学问题，充分发挥我国学科构成完整、产业门类齐全的体系优势，打造出中国自己的“硅谷”模式。

(撰稿人：张启龙)

---

① 产学研合作覆盖面是指有合作创新的企业中，开展产学研合作的企业占比，反映了企业产学研合作的广度。

# R&D人力规模连续7年居世界首位 存在不足不容忽视

R&D人员是我国科技创新的关键要素，也是实现科技强国的重要战略资源。国家统计局科技综合统计年报数据显示，2019年我国R&D人员持续增长，人力规模稳居世界首位，但人员投入强度偏低、人员素质不高、人才储备不足等问题依然存在，需引起关注。

## 一、我国R&D人员首超700万，人力规模连续7年稳居世界首位

### (一)R&D人员首次突破700万

2019年，我国R&D人员总量达到712.9万人，比上年增加55.8万人，增长8.5%；其中，女性185.4万人，占26.0%。2013年以来，我国R&D人员以年均6.0%的速度持续增长，人员规模由2013年的501.8万人到2017年的621.4万人用了4年时间，之后仅用2年时间又实现了700万人的突破。

### (二)R&D人员全时当量[①]连续7年居世界首位

2019年，我国R&D人员全时当量达到480.1万人年，比上年增加41.9万人年，增长9.6%。自2013年首次超过美国以来，我国R&D人员全时当量以年均5.2%的速度增长，已连续7年位列世界第一。

### (三)R&D人员素质不断提高

2019年，我国R&D人员中具有硕士及以上学历人员为164.5万人，比上年增长15.2%；占比为23.1%，比上年提高1.3个百分点。2013年以来，硕士及以

① R&D人员全时当量指R&D人员按实际工作时间折合计算的工作量，如一名高校教师一年中一半工作时间用于教学，一半工作时间用于科研，则其R&D人员全时当量为0.5人年。

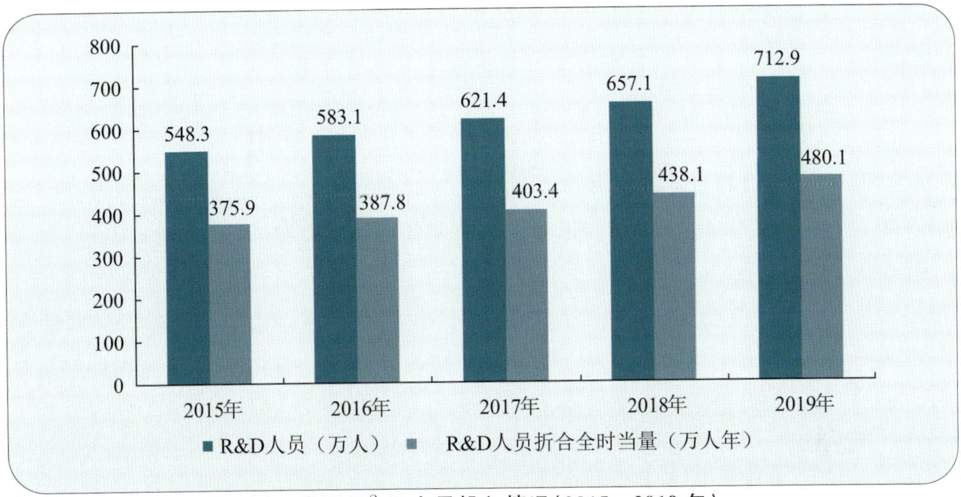


图　我国 R&D 人员投入情况(2015—2019 年)

上学历 R&D 人员以年均 9.6%的速度增长，比同期 R&D 人员增速高 3.6 个百分点，占全部 R&D 人员比重提高 4.2 个百分点，人员素质实现同步提升。

### (四)基础研究人力占比持续提升

分 R&D 活动类型看，2019 年，投入到基础研究、应用研究和试验发展的 R&D 人员全时当量分别为 39.2 万人年、61.5 万人年和 379.4 万人年，分别比上年增长 28.5%、14.2%和 7.2%；所占比重分别为 8.2%、12.8%和 79.0%，分别比上年增加 1.2 个、0.5 个和减少 1.7 个百分点。

### (五)高等学校 R&D 人力投入快速增长

从 R&D 执行主体看，2019 年，企业、高等学校、科研机构和其他事业单位分别投入 R&D 人员全时当量 366.8 万人年、56.5 万人年、42.5 万人年和 14.2 万人年，分别比上年增长 7.1%、37.6%、2.8%和 7.1%，所占比重分别为 76.4%、11.8%、8.8%和 3.0%。其中，高等学校 R&D 人力投入快速增长，所占比重比上年提高了 2.4 个百分点；企业虽然增速低于平均水平，占比下降了 1.8 个百分点，仍占 R&D 人力投入总量的 3/4 以上。

### (六)R&D 人员区域分布不均衡状况略有改善

分地区看，2019 年，东部地区投入 R&D 人员全时当量 324.9 万人年，比上年增长 7.9%，占全国的 67.7%；其中，仅广东、江苏和浙江 3 省就聚集了全国 41.1%的 R&D 人力投入。同时，中西部地区加大了投入力度，中部和西部地区 R&D 人员全时当量分别为 94.2 万人年和 61.0 万人年，分别比上年增长 14.9%

和11.0%，在全国占比分别为19.6%和12.7%，比上年分别提高2.6个和0.2个百分点，与东部地区的差距有所缩小。

## 二、与发达国家相比我国R&D人力资源存在三大不足

### （一）R&D人员投入强度相对不足

2019年，全国每万名就业人员中R&D人力投入量为62.0人年；其中，每万名就业人员中研究人员[①]投入量为27.2人年。两项指标虽比上年分别增加了5.5人年和3.2人年，但与发达国家相比仍有不小差距。在主要发达国家[②]中，法国（160.6人年）、德国（157.8人年）和日本（130.7人年）等国家每万名就业人员R&D人力投入量均达到我国2倍以上水平；而美国（92.3人年）、欧盟（87.8人年）每万名就业人员中研究人员投入量达到我国3倍以上水平。

### （二）高素质科研人员相对不足

2019年，我国R&D人员全时当量中研究人员占比为43.9%，虽比上年提高1.3个百分点，但仍远低于日本（75.9%）、欧盟（63.5%）等发达国家和地区的水平。特别是在我国R&D人力投入主体企业中，研究人员占比仅为33.2%，不仅远低于欧盟57.3%的平均水平，近年来还呈逐年下降趋势，与发达国家的差距在进一步拉大。

### （三）人才储备相对不足

理工科高校毕业生是科技创新发展的主力军，其数量体现了R&D人员储备水平。据测算，2018年，我国每万人20—29岁人口中当年理工科毕业生数为103人；其中，研究生毕业生数仅为13人，均远低于欧盟2016年的水平（分别为193人和76人）。

## 三、加强研发人员队伍建设的政策建议

一是继续加大研发人员投入力度，提高研发人员投入质量。围绕科技创新链配置人才链，在科研人才培育、创新平台建设、高层次人才引进、人才精准化服务、人才发展体制机制等方面改革创新，营造全社会重视、关心科研人才的浓厚氛围和良好环境。

---

① 研究人员指R&D人员中具备中高级以上职称或博士学位的人员。

② 国际比较数据主要来源于OECD官方网站数据库；如无特别说明，最新数据报告期为2018年。

二是支持和鼓励更多高素质科研人才到企业建功立业。帮助企业拓展引才视野、创新引才方式，引导更多高学历、高层次人才走向企业一线，深化产学研合作，形成优势互补、合作共赢的良好局面。

三是进一步提高理工科人才教育和供给水平。通过改革高校人才培养机制，改善师资配备，优化专业和课程设置，创造参加科研项目及海外交流机会等方式，加强高等学校理工科学生特别是研究生的培养，提高科研人才储备水平。

（撰稿人：李胤、毕宁）

# 长三角科技创新释放新动能

长三角是我国科教资源最密集、创新能力最强、产业基础最好、开放程度最高的区域之一。2018年，首届中国国际进口博览会的成功召开，标志着长三角一体化发展上升为国家战略，为长三角实现高质量发展按下"快进键"。近年来，地处长三角的上海、江苏、浙江和安徽三省一市以科技创新为突破口，加快推进创新协同发展，区域创新能力和竞争能力不断增强，为长三角一体化高质量发展提供了新动能。

## 一、四大优势彰显长三角创新实力

### （一）研发投入全国占比超三成，投入强度高于部分发达国家

近年来，长三角区域R&D经费保持较快增长，2019年达6727.9亿元，比上年增长12.9%，连续4年保持两位数增长；在全国R&D经费中的占比达30.4%，比上年提高0.1个百分点。

2019年长三角区域R&D投入强度（R&D经费与GDP之比）再创新高，达到2.84%，比上年提高0.14个百分点，比全国强度高0.61个百分点，比肩美国（2.83%），并明显高于欧盟15国平均水平（2.17%）。其中，上海（4%）、江苏（2.79%）、浙江（2.68%）和安徽（2.03%）R&D投入强度在全国分别位于第2位、第5位、第6位和第11位，除安徽外均处于全国第一方阵。

### （二）高校R&D经费中基础研究占比超四成，创新策源能力持续提升

长三角区域集聚了全国1/6的高校资源，为原始创新提供了源头活水。2019年，长三角区域高校投入基础研究经费206.9亿元，比上年增长23.6%，比长三角区域全社会R&D经费增速高10.7个百分点；高校R&D经费中基础研究占比为46.4%，比上年提高0.1个百分点，比全国平均水平高6.2个百分点。其中，安徽高校R&D经费中基础研究占比已连续9年超过50%。长周期、高强度的基础研

究投入，为长三角区域协力攻克关键性核心技术，尤其是“卡脖子”技术提供了重要支撑。

### (三)创新企业占比超五成，国际竞争力不断增强

2019年，长三角区域开展创新活动的企业[①]有12万家，占全部调查企业的51.2%，比上年提高4.6个百分点，比全国平均水平高6.3个百分点。其中，江苏(55.5%)、浙江(51.9%)、安徽(49.5%)和上海(39.7%)分别位居全国第1位、第2位、第4位和第19位。在长三角区域成功实现产品创新的企业中，有22.4%的企业推出了国际市场水平的新产品，比上年提高1.1个百分点，比全国平均水平高1.3个百分点，长三角区域企业参与国际竞争的意识和能力不断增强。

### (四)有效发明专利全国占比超三成，高质量创新成果加速涌现

截至2019年底，长三角区域共拥有有效发明专利60.8万件，比上年增长16.4%；占全国有效发明专利的31.6%，比上年提高0.2个百分点。其中，江苏(24.3万件)、浙江(16.1万件)、上海(13.0万件)和安徽(7.5万件)分别位于全国第3位、第4位、第5位和第7位。长三角区域每万名常住人口发明专利拥有量为26.8件，比上年增加3.6件，是全国平均水平(13.8件)的近2倍。其中，上海53.4件、江苏30.1件、浙江27.5件、安徽11.8件，除安徽外，均远超全国平均水平。

## 二、创新助力长三角一体化高质量发展

### (一)助力区域经济结构升级

高技术制造业是推动工业向高端迈进的关键。2019年，长三角区域高技术制造业R&D经费投入1145.3亿元，比上年增长14.6%；R&D投入强度(R&D经费与营业收入之比)为2.62%，比规模以上工业平均水平高0.91个百分点，成为企业创新最具活力的领域。研发带动高技术产业快速增长，2019年，长三角区域高技术制造业营业收入比上年增长4.1%，比规模以上工业增速快1.8个百分点；占规模以上工业的比重为16.2%，比上年提高0.3个百分点。

### (二)助力产业协同创新发展

产学研合作是企业开展创新的重要形式。随着长三角一体化战略持续推进，不少企业找到了自己的创新“协同点”。2019年，长三角区域规模以上企业中开展产学研合作创新的企业达到2万家，比上年增长9.3%；产学研合作企业占开展创

---

① 企业是指规模以上工业、限额以上批零业、资质以上建筑业和规模以上服务业企业。

新活动企业的比重为16.8%，比全国平均水平高1.1个百分点。

### （三）助力企业经营效益提升

新产品开发是增强企业活力、提高经营效益的有效途径。2019年，长三角区域规模以上工业企业开展新产品开发项目25.4万个，比上年增长19.8%；投入新产品开发经费5703.9亿元，增长12.6%。实现新产品销售收入76040.8亿元，增长7%；占营业收入的比重为28%，比上年提高3.1个百分点，比全国平均水平高8.1个百分点。

### （四）助力对外开放水平提高

产品出口是拉动外贸增长的重要力量。2019年，长三角区域规模以上工业企业通过加大新产品开发力度，带动出口能力大幅提高，新产品出口收入达15572.4亿元，比上年增长16.5%；占全部新产品销售收入的比重为20.5%，比上年提高1.7个百分点，比全国高2个百分点。其中，江苏新产品出口收入所占比重最高（26.4%），其他依次是浙江（19.7%）、上海（13.9%）和安徽（11%）。

### （五）助力生态环境质量改善

节能降耗是生态文明建设的重要抓手。2019年，长三角区域规模以上工业企业共开展1.62万个以节能降耗为目标的研发项目，比上年增长39.7%；投入R&D经费302.7亿元，增长14.7%。科技创新为企业节能降耗提供了有力支撑，带动长三角生态环境不断优化。生态环境部发布的《2019中国生态环境状况公报》显示，2019年长三角地区41个城市平均优良天数比例为76.5%，比上年提高2.4个百分点；$PM_{2.5}$浓度为41微克/立方米，下降2.4%。

## 三、长三角区域创新发展短板有待突破

### （一）研发投入有待进一步提高

从整体上看，长三角区域R&D投入强度已达到或超过一些发达国家的水平，但与以色列（4.94%）、韩国（4.53%）、日本（3.26%）等科技强国相比仍有不小的差距。分地区看，虽然上海、江苏、浙江和安徽的R&D投入强度之比由2018年的1.98∶1.41∶1.31∶1（以安徽为1，下同）变为2019年的1.97∶1.37∶1.32∶1，区域间研发投入差距有所缩小，但安徽R&D投入强度仍低于全国平均水平，与其他三个地区还有较大差距。

### （二）原始创新能力有待进一步提升

虽然长三角区域高校基础研究投入较高，但全社会基础研究整体水平偏低。2019年，长三角区域投入基础研究经费298.9亿元，比上年增长16.7%，比全国基

础研究经费增速低 5.8 个百分点;占全国基础研究经费的比重为 22.4%,比上年下降 1.1 个百分点。长三角区域基础研究、应用研究、试验发展经费投入结构为 4.4∶8.0∶87.6,而全国这三类经费的投入比例为 6.0∶11.3∶82.7,长三角区域用于科学研究①的经费占比明显偏低。

### (三)政策供给的针对性和有效性有待进一步增强

2019 年,据对长三角区域 11.1 万名企业家的调查,分别有 73.4% 和 76.9% 的企业家认为技术转让税收减免政策、科技创新进口税收政策对企业开展创新活动影响"效果不明显"或"未享受",分别比上年提高 2.6 和 2.8 个百分点。说明长三角区域企业家对创新政策的有效性和针对性有更高的期待。

### (四)高层次人才规模和结构有待进一步优化

整体上看,长三角区域人才呈现净流入状态,但高层次人才仍较缺乏,区域间高层次人才资源两极分化严重。2019 年,在长三角区域研发人员中,博士、硕士毕业人员为 39.8 万人,占全部研发人员的比重为 18.4%,虽比上年提升了 1.1 个百分点,但仍比全国平均水平低 4.7 个百分点。其中,仅有上海(32.4%)在全国平均水平以上,安徽(20.9%)、江苏(17.3%)和浙江(13.1%)均在全国平均水平之下,区域间差异明显。

从长远看,要进一步发挥科技创新的突破和先导作用,推进长三角区域"一体化"和"高质量"发展,不仅要各自补齐"短板",更要做强"长板",通过深化分工合作,各扬所长并实现优势互补,把各自优势变成区域优势。一是继续增强区域基础研究实力,在共建共享国家实验室、合力推进重大科技基础设施集群融合发展上不断夯实根基,联动提升原始创新能力,共同打造强劲活跃科技创新策源地。二是构建共治共享的人才培养、人才使用政策与机制,广泛联系全球创新伙伴,吸引、壮大科技人才队伍,让人才这个第一资源在长三角区域"无障碍"竞展身手。三是加大对创新政策需求的调查研究,找准需求、对症下药,增强创新政策供给的针对性和有效性,避免政策资源浪费。

(撰稿人:麻丽敏、李胤、焦智康)

① 基础研究与应用研究统称科学研究。

# 2019 年天津市全社会 R&D 经费情况及分析

2019 年，天津市持续深入实施创新驱动发展战略，加快建设创新发展的现代化天津。天津科技综合年报统计数据显示，全社会研究与试验发展（R&D）经费[①]（以下简称 R&D 经费）投入强度保持全国前列，全社会 R&D 人员结构优化，高等院校开展 R&D 项目活跃，高技术产业（制造业）质量效益提升，科研院所 R&D 经费聚集明显，研发产出效率显著提升。

## 一、全社会 R&D 经费情况

2019 年，天津市全社会 R&D 经费支出为 462.97 亿元，全社会 R&D 经费投入强度（R&D 经费与全市 GDP[②] 的比值）为 3.28%，位于北京、上海之后，排名全国第三位（见表 1）。

表 1　2019 年全国及部分省份 R&D 经费投入强度情况

| 地　区 | R&D 经费投入强度（%） |
|---|---|
| 全　国 | 2.23 |
| 北　京 | 6.31 |
| 上　海 | 4.00 |
| 天　津 | 3.28 |
| 广　东 | 2.88 |
| 江　苏 | 2.79 |
| 浙　江 | 2.68 |

① 研究与试验发展（R&D）：指在科学技术领域，为增加知识总量以及运用这些知识去创造新的应用进行的系统的创造性的活动，包括基础研究、应用研究、试验发展三类活动。根据《研究与试验发展（R&D）投入统计规范（试行）》，全社会 R&D 经费为调查单位 R&D 经费内部支出，不含委托其他单位或与其他单位合作开展 R&D 活动而转拨给其他单位的全部经费。

② 2019 年天津市 GDP 初步核算数据为 14104.28 亿元。

## 二、分部门 R&D 经费情况

按照经费来源，R&D 经费支出由科研院所、其他单位、高等院校及企业四部分构成。2019 年，天津市分部门 R&D 经费呈现“两增两降”特点。

### （一）科研院所 R&D 经费小幅增长

2019 年，天津市科研院所 R&D 经费为 31.57 亿元，较 2018 年增加 0.50 亿元，增长 1.6%。

### （二）其他单位 R&D 经费增速较快

2019 年，天津市其他单位 R&D 经费为 34.23 亿元，较 2018 年增加 5.07 亿元，增长 17.4%。

### （三）高等院校 R&D 经费降幅较大

2019 年天津市高等院校 R&D 经费为 52.47 亿元，较 2018 年减少 8.47 亿元，下降 13.9%。

### （四）企业 R&D 经费同比减少

2019 年天津市企业 R&D 经费为 344.70 亿元，较 2018 年减少 26.53 亿元，下降 7.1%。其中：规模以上工业企业 R&D 经费内部支出为 213.43 亿元，较 2018 年减少 39.45 亿元，下降 15.6%；资质以上重点建筑业和规模以上重点服务业企业 R&D 经费支出合计为 125.64 亿元，较 2018 年增加 8.29 亿元，增长 7.1%；规模以下工业及其他企业 R&D 经费内部支出为 5.63 亿元。

## 三、R&D 投入的主要特点

### （一）R&D 人员结构优化

R&D 人员是反映研发活动人力规模的重要指标，近年来天津市大力实施人才强市战略，积极推进“海河英才”行动计划，R&D 人员结构持续优化，为全市科技发展提供强有力的人才支撑。2019 年，天津市全社会 R&D 人员为 14.39 万人，其中：博士人员为 1.68 万人，硕士人员为 2.44 万人，博士、硕士人员合计占全社会 R&D 人员比重为 28.6%，较 2018 年提高 6.3 个百分点（见图 1）。

### （二）高等院校开展 R&D 项目活跃

2019 年，天津市高等院校开展 R&D 项目（课题）数为 2.77 万项，较 2018 年增加 0.19 万项，增长 7.3%。高等院校开展 R&D 项目（课题）数占全社会 R&D 项目（课题）数的比重为 61.0%，较 2018 年提高 3.1 个百分点。

2019 年，天津市高等院校发表科技论文 3.57 万篇，较 2018 年增加 380 篇，增

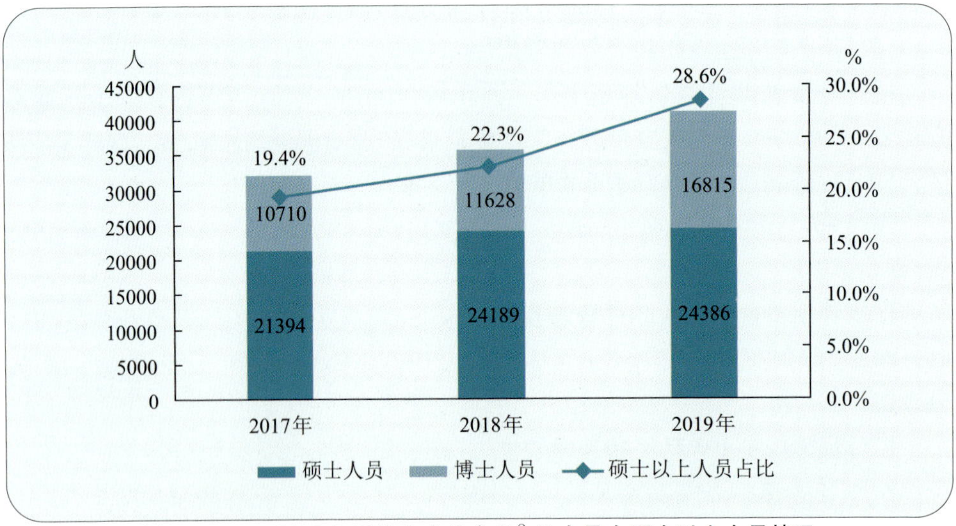


图 1　2017—2019 年天津市全社会 R&D 人员中硕士以上人员情况

长 1.1%。高等院校发表科技论文占全社会科技论文的比重为 73.3%(见图 2)。

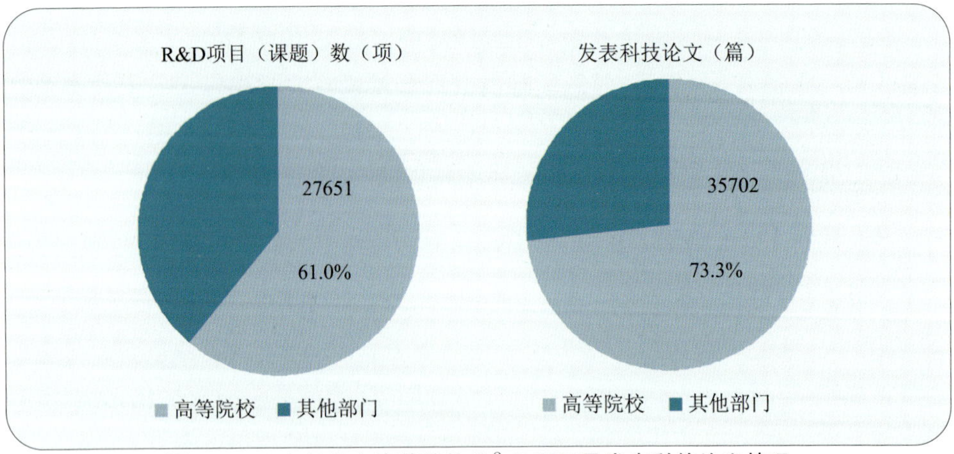


图 2　2019 年天津市高等院校 R&D 项目及发表科技论文情况

### (三)高技术产业(制造业)质量效益提升

2019 年,天津市高技术产业(制造业)企业 R&D 经费 52.50 亿元,R&D 经费投入强度(R&D 经费与营业收入之比)为 1.93%,高于制造业 0.87 个百分点。新产品开发项目数为 2870 项,较 2018 年增加 308 项目。

2019 年,天津市高技术产业(制造业)企业实现营业收入 2719.20 亿元,较 2018 年增长 1.9%,实现利润总额 164.20 亿元,较 2018 年增长 3.5%,营业收入利润率为 6.04%，较 2018 年提高 0.09 个百分点，高于制造业 2.58 个百分点。

### (四)科研院所 R&D 经费聚集明显

2019 年天津市科研院所共计 157 家，R&D 经费共计 31.57 亿元，较上年增加 0.51 亿元，增长 1.6%。其中：R&D 经费超过亿元的单位共计 11 家，合计 18.01 亿元；R&D 经费超过 5000 万元的单位共计 7 家，合计 5.27 亿元。上述 18 家单位 R&D 经费合计占科研院所 R&D 经费的 73.7%。

### (五)知识产出能力提升

科技研发经过知识成果转化最终要实现产品、产业的发展。专利及科技论文作为一种无形资产，具有巨大的商业价值。近年来，天津市知识产出能力提升，随着知识产权保护环境明显改善，科技人员知识产权意识普遍提高。

2019 年，天津市专利申请授权量为 5.78 万件，年末有效专利数为 19.89 万件，分别较 2018 年增加 0.31 万件和 3.00 万件(见表 2)。2019 年，天津市全社会发表科技论文 4.87 万篇，较 2018 年增加 0.13 万篇，增长 2.6%；形成国家或行业标准数 659 项，较 2018 年增加 66 项，增长 11.1%。

**表 2　天津市专利相关情况**

| 年　份 | 申请受理数 | 申请授权数 | 年末有效专利数 |
|---|---|---|---|
| 2016 年 | 106514 | 39734 | 124443 |
| 2017 年 | 86996 | 41675 | 144706 |
| 2018 年 | 99038 | 54680 | 168879 |
| 2019 年 | 96045 | 57799 | 198946 |

注：专利数据来自知识产权局。

### (六)政策环境优化

创新驱动发展战略实施背景下，政府对于企业科技活动的支持力度明显加大，以拨款资助、税收激励等方式进一步完善企业研发创新环境。

特别是近年来，面对由美国挑起的中美经贸摩擦和实施贸易制裁及技术封锁，天津市秉持“科技强国”“质量强国”及“建立创新型国家”理念，实施科技创新战略。特别是在服务器、中央处理器及芯片研发方面，加大政府资金支持，提升自主研发实力和水平。2019 年，天津市规模以上工业企业获得来自政府部门的研发资金为 32.76 亿元，较 2018 年增长 3.28 倍。从登记注册类型看，政府资金主要集中在资助内资企业的研发活动，达 32.14 亿元，占政府部门的研发资金的 98.1%。

受财政税务部门对企业研究开发费用税前加计扣除政策调整的影响，受惠企业数、减免税额均大幅度增加。2019 年，规模以上工业企业中享受研发费用加计扣除减免税政策的企业达 576 个，较 2018 年增加 156 家，减免税额共计 17.28 亿元，较 2018 年增长 48.6%。

## 三、值得关注的问题

### (一)原始创新能力偏弱，研发后劲不足

基础研究是对事物原理和客观规律的研究，是原始创新的基础、自主创新的源泉。尽管 2019 年天津市全社会基础研究 R&D 经费为 24.67 亿元，较 2018 年增加 1.02 亿元，占全社会 R&D 经费的比重为 5.3%(见图 3)，但仍低于全国平均水平(6.0%)0.7 个百分点。全社会用于试验发展的 R&D 经费占比为 84.1%，企业研发活动大多为试验发展，仍偏重于模仿创新、集成创新、引进消化吸收再创新，基础研究和应用研究比重明显偏低，持续开展研发活动的后劲不足，能力偏弱(见图 3)。

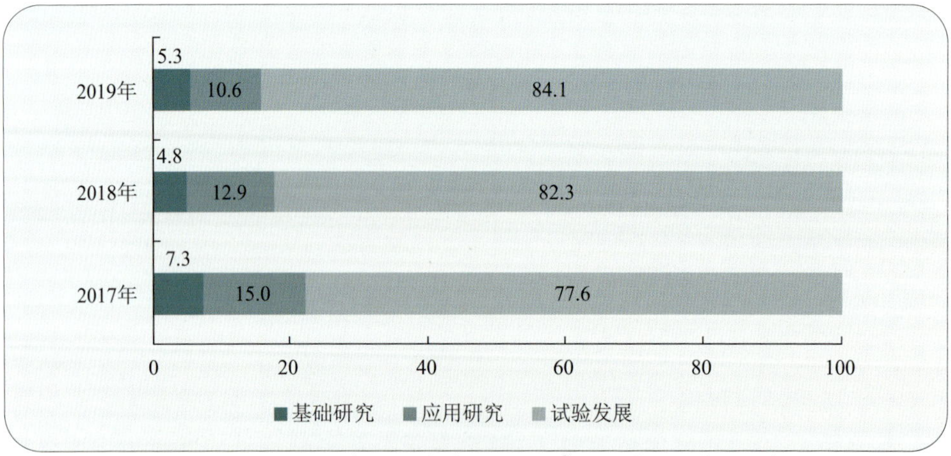


**图 3　2017—2019 年天津市基础研究 R&D 经费占比情况(%)**

### (二)高等院校 R&D 经费逐年降低

高等院校 R&D 经费主要包括科技活动日常性支出和基建资产性支出。根据统计数据显示：2017 年—2019 年，天津市高等院校 R&D 经费分别为 64.14 亿元、60.94 亿元和 52.47 亿元，呈逐年下降趋势。高等院校新校区陆续建设完毕，科研基建资产性支出大幅萎缩是 R&D 经费减少的主要原因，2017 年—2019 年，高等院校基建资产性 R&D 经费分别为 25.67 亿元、18.09 亿元和 10.41 亿元。高等院校用于科研项目、科研平台建设及科研人员经费的科技活动日常性 R&D 经费

分别为 38.47 亿元、42.85 亿元和 42.07 亿元，呈增长态势。

### (三)产学研合作有待加强

产学研合作是提升企业技术创新层次的重要手段，但天津市产学研融合成效还不够显著。从天津市规模以上企业 R&D 项目开展形式看，绝大多为企业自主完成，与高校、科研机构之间协同合作略有提高，但仍不够紧密。2019 年，天津市规模以上企业 R&D 项目中与境内研究机构合作数占比仅为 1.8%，项目研究开发经费占比仅为 2.0%；与境内高等学校合作数占比为 3.8%，项目研究开发经费占比为 3.5%。可见，天津市产学研合作仍以解决临时性的研究开发项目为主，长期的、固定的产学研全面合作有待加强(见表 3)。

**表 3　2017—2019 年天津市规模以上企业 R&D 项目开展形式情况**

单位：%

| 项目开展形式 | 项目数占比 | | | 项目研究开发经费占比 | | |
|---|---|---|---|---|---|---|
| | 2019 年 | 2018 年 | 2017 年 | 2019 年 | 2018 年 | 2017 年 |
| **总　计** | **100.0** | **100.0** | **100.0** | **100.0** | **100.0** | **100.0** |
| 自主完成 | 87.6 | 89.5 | 87.2 | 81.7 | 78.0 | 81.6 |
| 与境内研究机构合作 | 1.8 | 1.6 | 2.3 | 2.0 | 1.3 | 1.4 |
| 与境内高等学校合作 | 3.8 | 3.1 | 3.6 | 3.5 | 5.0 | 3.8 |
| 与境内其他企业或单位合作 | 5.1 | 4.2 | 4.5 | 9.0 | 9.6 | 6.1 |
| 与境外机构合作 | 0.4 | 0.7 | 1.2 | 0.8 | 2.6 | 4.6 |
| 委托其他企业或单位 | 0.9 | 0.6 | 0.2 | 2.3 | 1.8 | 0.3 |
| 其他形式 | 0.5 | 0.4 | 1.1 | 0.8 | 1.7 | 2.2 |

### (四)R&D 经费与部分城市相比仍有差距

2019 年，天津市 R&D 经费总量在全国 31 个省(市、自治区)排名第 17 位，与北京、上海、深圳相比，总量差距明显，与广州、杭州、重庆等城市在总量上也存在差距。

特别是 2020 年，在疫情冲击的影响下，部分天津市企业(为 R&D 经费主体)还需要面对因国内外经济发展严峻复杂环境造成的经营困难等问题，将会对研发资金的保障形成客观障碍，对研发投入的增长造成不利影响，R&D 经费的增长面临压力。

## 四、对策及建议

当前，天津市正处于爬坡过坎、转型升级的关键阶段，创新发展已成为推动经济发展的重要动力，因此要补齐发展中的短板，助力高质量发展。

### (一)鼓励企业大力开展 R&D 项目

一是围绕研发费用税前加计扣除、高新技术企业所得税减免等一系列科技创新的政策及法规，开展全面宣传报道、政策解读和操作指引，鼓励企业主动实施自主创新研发；二是进一步强化企业对研发投入重要性的认识，鼓励企业主动增加研发经费投入，特别是按照《规范》要求，培育和壮大科技创新力量，促进企业自主创新能力的提高，在重大技术和产品上取得突破，形成一批具有竞争优势的重大科技产品。

### (二)增强原始创新的能力

在增强原始创新能力方面，不仅要依靠市场机制推动，还需要政府的积极参与，积极筹建国家级、市级技术创新平台，以重大科技项目为纽带，加大重点领域的基础研究研发投入。一是引导有条件的企业、科研院所加大基础研究投入，有效破解产业发展的技术瓶颈，并在推动产业技术突破的过程中拓展新的科学知识；二是转变企业对基础研究的固有观念，鼓励企业捕捉技术创新动向，瞄准半导体材料、高端制造等前沿技术强化攻关，抢占产业核心技术制高点，大力推动新产品开发，创造应用新的产业技术，增强企业长期竞争优势。

### (三)加强产学研深度融合

加强产学研协同创新，有利于加强学术界的基础研究源头创新，提升企业的技术创新层次，促进天津市整体科技创新水平。高校和科研院所集聚了大量的人才、设备等科技资源，更符合开展基础前沿技术研发的条件。政府部门应做产学研深度融合的引导者，引导优秀创新型企业牵头，与高校、科研院所和产业链上下游企业联合组建创新共同体，并建立产学研深度融合的利益分配机制和风险控制机制，推动构建协同创新治理。同时，鼓励高校建设重点实验室，积极参与科技项目平台建设项目、自然科学基金项目的申报，并给予政策支持和相关技术指导，提升天津市高等院校科研能力。

### (四)激发科技型企业活力

科技型企业是经济和社会发展的重要力量，要激发他们的活力和创造力，需着力破解科技型企业发展面临的突出问题，全面优化创新发展环境。

一是要着力加强科技创新对新动能引育的支撑，做大做强高质量发展“底盘”。推动高新技术企业“量”“质”双升，扎实推进创新型企业领军计划等；二是大力提升科技型企业技术创新水平。积极引导科技型企业建设创新平台，推动科技领军企业组建技术创新中心，支持企业打造核心技术、提升核心竞争力；三是切实加强科技金融支撑。推动高风险早期初创科技型企业创新发展，引导科技型企业利用好金融资本市场。

### (五)强化人才培育和资源供给

积极营造科技创新良好的氛围和人才发展环境，使人才创新创造活力进一步迸发。一是深入实施国家及市级引智专项，用好用足“海河英才”“项目＋团队”等人才政策，发挥人才交流大会等平台作用，大力引进“高精尖缺”人才；二是大力选拔培育创新人才，加强人才培养实体平台、网络平台建设，优化联合、定向、境外培养等方式培训创新人才；三是制定吸引力更强的人才优惠政策，引进人才，留住人才。同时围绕赋予科研机构和科研人员更大的自主权，释放科技人员创新活力。

（撰稿人：包臣）

# 监测指标体系及统计数据

2

# （一）监测指标体系

国家统计局贯彻落实党的十九大关于科技创新的指导思想，依据党中央、国务院实施创新驱动发展战略、建立创新调查制度和创新报告制度有关精神，按照建立全国创新调查制度工作任务分工，参考企业创新有关理论和国际经验，构建了企业创新能力统计监测指标体系，并搜集整理相关分析报告和数据，编撰了《中国企业创新能力统计监测报告》。其中企业创新能力监测指标体系包括企业创新投入、企业创新活动、企业创新产出、企业创新成效、企业创新环境等5个一级指标、17个二级指标、80个三级指标。

企业创新投入一级指标包括人员投入、经费投入、研发机构建设3个二级指标，主要通过企业创新的人力财力投入情况、企业创新主体中发挥关键作用的研发机构建设情况等指标来反映企业创新在投入环节的规模和现状，并通过相应的相对指标来反映企业在创新中的主体地位和强度等情况。

企业创新活动一级指标包括R&D活动、R&D项目、创新实现、创新合作4个二级指标，主要通过考察以单位数为主的企业R&D活动与进行创新及其相关的绝对量与相对量指标来反映企业创新的覆盖面、活跃程度与实现状况等情况。

企业创新产出一级指标包括专利、技术标准、注册商标3个二级指标，通过几种主要的产出形式来反映企业创新（主要是研发活动）的中间产出的规模和强度等情况。

企业创新成效一级指标包括新产品销售、产品新颖度、经营绩效、高技术产业发展4个二级指标，主要通过企业创新最终产出的相关指标来考察创新与市场发生关联后的作用效果，反映创新对经济社会发展的影响。

企业创新环境一级指标包括创新氛围、创新政策、中介服务3个二级指标，主要通过企业家创新意识、政策环境及效果、技术市场环境等方面的相关指标来反映外部环境对企业创新的影响、促进和帮助情况。

五个一级指标基本涵盖了作为创新主体的企业从开始进行创新投入到实现经济社会效益的全过程，并涵盖了企业对外部环境的评价，其中还补充了关于企业与其他创新主体的合作情况、政府创新政策的实施情况等内容，收录了最新的企业创新调查主要结果，丰富了既有的企业创新能力监测维度，可较全面地监测我国企业创新能力的发展情况。

**表1 企业创新能力监测指标体系**

| 序号 | 一级指标 | 二级指标 | 三级指标 |
|---|---|---|---|
| 1 | 企业创新投入 | 人员投入 | 企业R&D人员数(万人) |
| 2 | | | 工业企业R&D人员数(万人) |
| 3 | | | 企业R&D人员全时当量(万人年) |
| 4 | | | 企业R&D人员全时当量占全国R&D人员全时当量比重(%) |
| 5 | | | 工业企业R&D人员全时当量(万人年) |
| 6 | | | 工业企业研发机构中博士与硕士人员数(人) |
| 7 | | | 工业企业研发机构中博士与硕士人员占机构人员比重(%) |
| 8 | | 经费投入 | 企业R&D经费支出(亿元) |
| 9 | | | 企业R&D经费支出占全国R&D经费支出比重(%) |
| 10 | | | 工业企业创新费用(亿元) |
| 11 | | | 工业企业R&D经费支出(亿元) |
| 12 | | | 工业企业R&D经费支出与营业收入之比(%) |
| 13 | | | 工业企业R&D经费支出占工业企业创新费用支出比重(%) |
| 14 | | | 工业企业新产品开发经费支出(亿元) |
| 15 | | | 工业企业新产品开发经费与营业收入之比(%) |
| 16 | | 研发机构建设 | 工业企业办研发机构数(个) |
| 17 | | | 有研发机构的工业企业数(个) |
| 18 | | | 有研发机构企业占工业企业比重(%) |
| 19 | | | 工业企业办研发机构仪器和设备原价(亿元) |
| 20 | | | 工业企业办研发机构平均仪器和设备原价(万元) |
| 21 | 企业创新活动 | R&D活动 | 有R&D活动的工业企业数(个) |
| 22 | | | 有R&D活动的工业企业占工业企业比重(%) |
| 23 | | | 有R&D活动工业企业占有技术创新活动工业企业比重(%) |
| 24 | | R&D项目 | 工业企业R&D项目数(个) |
| 25 | | | 工业企业R&D项目经费支出(亿元) |
| 26 | | | 工业企业R&D项目平均经费支出(万元) |

续表 1

| 序号 | 一级指标 | 二级指标 | 三级指标 |
|---|---|---|---|
| 27 | 企业创新活动 | 创新实现 | 实现创新企业所占比重(%) |
| 28 | | | 实现产品创新企业所占比重(%) |
| 29 | | | 实现工艺创新企业所占比重(%) |
| 30 | | | 实现组织创新企业所占比重(%) |
| 31 | | | 实现营销创新企业所占比重(%) |
| 32 | | | 实现技术创新的工业企业占工业企业比重(%) |
| 33 | | 创新合作 | 开展合作创新的企业所占比重(%) |
| 34 | | | 产学研合作企业占开展创新合作企业比重(%) |
| 35 | | | 工业企业 R&D 经费外部支出(亿元) |
| 36 | | | 工业企业 R&D 经费外部支出与营业收入之比(%) |
| 37 | 企业创新产出 | 专利 | 企业国内专利申请数(件) |
| 38 | | | 企业国内发明专利申请数(件) |
| 39 | | | 发明专利占企业国内专利申请数比重(%) |
| 40 | | | 工业企业专利申请数(件) |
| 41 | | | 工业企业发明专利申请数(件) |
| 42 | | | 发明专利占工业企业专利申请数比重(%) |
| 43 | | | 工业企业有效发明专利数(件) |
| 44 | | | 每百家工业企业拥有有效发明专利数(件) |
| 45 | | 技术标准 | 工业企业形成国家或行业标准数(项) |
| 46 | | | 每万家工业企业形成国家或行业标准数(项) |
| 47 | | 注册商标 | 工业企业拥有注册商标数(件) |
| 48 | | | 每百家工业企业拥有注册商标数(件) |
| 49 | 企业创新成效 | 新产品销售 | 企业新产品销售收入(亿元) |
| 50 | | | 企业新产品销售收入占营业收入比重(%) |
| 51 | | | 工业企业新产品销售收入(亿元) |
| 52 | | | 工业企业新产品销售收入占营业收入比重(%) |
| 53 | | | 工业企业新产品出口收入(亿元) |
| 54 | | | 工业企业新产品出口占新产品销售收入比重(%) |

续表 2

| 序号 | 一级指标 | 二级指标 | 三级指标 |
| --- | --- | --- | --- |
| 55 | 企业创新成效 | 产品新颖度 | 市场新的产品销售收入占营业收入比重(%) |
| 56 | | | 有市场新产品的企业占有产品创新的企业比重(%) |
| 57 | | | 有国际市场新产品的企业占有产品创新的工业企业比重(%) |
| 58 | | | 有国内市场新产品的企业占有产品创新的工业企业比重(%) |
| 59 | | 经营绩效 | 工业企业营业收入利润率(%) |
| 60 | | | 工业企业每百元资产实现的营业收入(元) |
| 61 | | 高技术产业发展 | 高技术产业营业收入(亿元) |
| 62 | | | 高技术产业营业收入占制造业营业收入比重(%) |
| 63 | | | 高技术产业利润总额(亿元) |
| 64 | | | 高技术产业利润总额占制造业利润总额比重(%) |
| 65 | | | 高技术产业出口交货值(亿元) |
| 66 | | | 高技术产业出口交货值占制造业出口交货值比重(%) |
| 67 | 企业创新环境 | 创新氛围 | 认为创新对企业生存和发展起重要作用的企业占全部企业比重(%) |
| 68 | | | 制定了创新战略目标的企业占全部企业比重(%) |
| 69 | | 创新政策 | 工业企业政府研发资金(万元) |
| 70 | | | 工业企业政府研发资金占工业企业 R&D 经费内部支出比重(%) |
| 71 | | | 认为企业研发费用加计扣除政策有效果企业比重(%) |
| 72 | | | 工业企业研究开发费用加计扣除减免税(万元) |
| 73 | | | 工业企业研究开发费用加计扣除减免税与 R&D 经费内部支出之比(%) |
| 74 | | | 认为高新技术企业减免税政策有效果企业比重(%) |
| 75 | | | 工业高新技术企业减免税(万元) |
| 76 | | | 工业高新技术企业平均减免税(万元) |
| 77 | | 中介服务 | 买方为企业法人的全国技术市场成交合同数(项) |
| 78 | | | 卖方为企业法人的全国技术市场成交合同数(项) |
| 79 | | | 买方为企业法人的全国技术市场成交金额(亿元) |
| 80 | | | 卖方为企业法人的全国技术市场成交金额(亿元) |

注:1. R&D 经费支出指 R&D 经费内部支出。
2. 工业企业指规模以上工业企业。
3. 技术创新指产品或工艺创新。
4. 从 2018 年开始,用“营业收入”替代“主营业务收入”进行相关指标的计算,相关指标与历史年份数据不可比。

表 2 其他相关监测指标

| 序号 | 领域 | | 指标名称 |
|---|---|---|---|
| 1 | 企业创新投入 | 技术获取 | 工业企业引进技术经费支出(万元) |
| 2 | | | 工业企业消化吸收经费支出(万元) |
| 3 | | | 工业企业购买国内技术经费支出(万元) |
| 4 | | | 工业企业技术改造经费支出(万元) |
| 5 | 企业创新活动 | 创新实现 | 开展创新活动企业占全部企业比重(%) |
| 6 | | | 开展技术创新活动企业占全部企业比重(%) |
| 7 | | 创新合作 | 与高等学校合作占产学研合作比重(%) |
| 8 | | | 与研究机构合作占产学研合作比重(%) |
| 9 | | | 共同完成科研项目占产学研形式比重(%) |
| 10 | | | 在企业建立研发机构占产学研形式比重(%) |
| 11 | | | 在高校或院所中设立研发机构占产学研形式比重(%) |
| 12 | | | 聘用高校或院所人员到企业兼职占产学研形式比重(%) |
| 13 | 企业创新环境 | 创新政策 | 认为企业研发费用加计扣除政策无明显效果的原因(%) |
| 14 | | | 认为高新技术企业减免税政策无明显效果的原因(%) |

## （二）监测统计数据

# 1. 企业创新整体情况

**表 1－1　2013－2019 年企业创新投入情况**

| 指　　标 | 2013 | 2014 | 2015 | 2016 | 2017 | 2018 | 2019 |
|---|---|---|---|---|---|---|---|
| 企业 R&D 人员数(万人) | 371.2 | 398.2 | 401.8 | 433.1 | 462.7 | 490.3 | 517.7 |
| 工业企业 R&D 人员数(万人) | 337.6 | 363.3 | 364.6 | 386.7 | 404.5 | 426.1 | 444.1 |
| 企业 R&D 人员全时当量(万人年) | 274.1 | 289.6 | 291.1 | 301.2 | 312.0 | 342.5 | 366.8 |
| 企业 R&D 人员全时当量占全国 R&D 人员全时当量比重(%) | 77.6 | 78.1 | 77.4 | 77.7 | 77.3 | 78.2 | 76.4 |
| 工业企业 R&D 人员全时当量(万人年) | 249.4 | 264.2 | 263.8 | 270.2 | 273.6 | 298.1 | 315.2 |
| 工业企业研发机构中博士与硕士人员数(万人) | 29.6 | 31.3 | 36.0 | 41.2 | 44.4 | 42.4 | 43.0 |
| 工业企业研发机构中博士与硕士人员占机构人员比重(%) | 12.4 | 12.7 | 13.5 | 14.1 | 13.6 | 13.3 | 12.6 |
| 企业 R&D 经费支出(亿元) | 9075.8 | 10060.6 | 10881.4 | 12144.0 | 13660.2 | 15233.7 | 16921.8 |
| 企业 R&D 经费支出占全国 R&D 经费支出比重(%) | 76.6 | 77.3 | 76.8 | 77.5 | 77.6 | 77.4 | 76.4 |
| 工业企业创新费用(亿元) | | 16576.4 | | 17479.2 | 19146.0 | 20861.6 | 23184.9 |
| 工业企业 R&D 经费支出(亿元) | 8318.4 | 9254.3 | 10013.9 | 10944.7 | 12013.0 | 12954.8 | 13971.1 |
| 工业企业 R&D 经费支出与营业收入之比(%)* | 0.8 | 0.8 | 0.9 | 0.9 | 1.1 | 1.2 | 1.3 |
| 工业企业 R&D 经费支出占工业企业创新费用支出比重(%) | | 55.8 | | 62.6 | 62.7 | 62.1 | 60.3 |
| 工业企业新产品开发经费支出(亿元) | 9246.7 | 10123.2 | 10270.8 | 11766.3 | 13497.8 | 14987.2 | 16985.7 |
| 工业企业新产品开发经费与营业收入之比(%)* | 0.9 | 0.9 | 0.9 | 1.0 | 1.2 | 1.4 | 1.6 |
| 工业企业办研发机构数(个) | 51625 | 57199 | 62954 | 72963 | 82667 | 83115 | 95459 |
| 有研发机构的工业企业数(个) | 43055 | 47689 | 52833 | 61765 | 70636 | 72607 | 85274 |
| 有研发机构企业占工业企业比重(%) | 11.6 | 12.6 | 13.8 | 16.3 | 19.0 | 19.4 | 22.6 |
| 工业企业办研发机构仪器和设备原价(亿元) | 4132.1 | 4871.6 | 5888.8 | 7356.5 | 8883.7 | 8047.8 | 9424.5 |
| 工业企业办研发机构平均仪器和设备原价(万元) | 800.4 | 851.7 | 935.4 | 1008.2 | 1074.6 | 968.3 | 987.3 |

注：* 从 2018 年开始使用“营业收入”替代“主营业务收入”进行各相关指标的计算，相关指标与 2017 年及以前历史年份数据不可比。以下各表同。

表 1－2　2013－2019 年企业创新活动情况

| 指标名称 | 2013 | 2014 | 2015 | 2016 | 2017 | 2018 | 2019 |
|---|---|---|---|---|---|---|---|
| 有 R&D 活动的工业企业数(个) | 54832 | 63676 | 73570 | 86891 | 102218 | 104820 | 129198 |
| 有 R&D 活动的工业企业占工业企业比重(%) | 14.8 | 16.9 | 19.2 | 23.0 | 27.4 | 28.0 | 34.2 |
| 有 R&D 活动工业企业占有技术创新活动工业企业比重(%) |  | 58.2 |  | 60.0 | 67.7 | 65.0 | 68.9 |
| 工业企业 R&D 项目数(个) | 322567 | 342507 | 309895 | 360997 | 445029 | 472299 | 598072 |
| 工业企业 R&D 项目经费支出(亿元) | 7294.5 | 8163.0 | 9146.7 | 10064.3 | 11990.2 | 12333.5 | 14236.9 |
| 工业企业 R&D 项目平均经费支出(万元) | 226.1 | 238.3 | 295.2 | 278.8 | 269.4 | 261.1 | 238.0 |
| 实现创新企业所占比重(%) |  | 39.7 |  | 36.1 | 37.1 | 38.2 | 41.7 |
| 实现产品创新企业所占比重(%) |  | 18.7 |  | 16.7 | 17.2 | 18.4 | 19.3 |
| 实现工艺创新企业所占比重(%) |  | 20.0 |  | 17.9 | 18.5 | 20.0 | 21.4 |
| 实现组织创新企业所占比重(%) |  | 27.9 |  | 24.2 | 25.1 | 25.3 | 27.6 |
| 实现营销创新企业所占比重(%) |  | 25.8 |  | 22.7 | 23.2 | 23.2 | 25.5 |
| 实现技术创新的工业企业占工业企业比重(%) |  | 31.0 |  | 31.8 | 33.7 | 36.8 | 40.8 |
| 开展合作创新的企业所占比重(%) |  | 20.1 |  | 16.5 | 17.5 | 18.8 | 20.4 |
| 产学研合作企业占开展创新合作企业比重(%) |  | 36.9 |  | 39.2 | 38.5 | 36.9 | 34.7 |
| 工业企业 R&D 经费外部支出(亿元) | 423.2 | 458.2 | 520.5 | 604.9 | 698.4 | 870.0 | 893.0 |
| 工业企业 R&D 经费外部支出与营业收入之比(%) | 0.04 | 0.04 | 0.05 | 0.05 | 0.06 | 0.08 | 0.08 |

注：对于创新及创新活动相关指标数据，2014 年报告期为 2013－2014 年，2016 年、2017 年、2018 年和 2019 年报告期分别为 2016 年、2017 年、2018 年和 2019 年。

**表 1—3　2013—2019 年企业创新产出情况**

| 指标名称 | 2013 | 2014 | 2015 | 2016 | 2017 | 2018 | 2019 |
|---|---|---|---|---|---|---|---|
| 企业国内专利申请数(件) | 1310058 | 1306466 | 1565751 | 2004337 | 2261767 | 2744955 | 2820665 |
| 企业国内发明专利申请数(件) | 426544 | 484747 | 582512 | 735533 | 788194 | 896648 | 807813 |
| 发明专利占企业国内专利申请数比重(%) | 32.6 | 37.1 | 37.2 | 36.7 | 34.8 | 32.7 | 28.6 |
| 工业企业专利申请数(件) | 560918 | 630561 | 638513 | 715397 | 817037 | 957298 | 1059808 |
| 工业企业发明专利申请数(件) | 205146 | 239925 | 245688 | 286987 | 320626 | 371569 | 398802 |
| 发明专利占工业企业专利申请数比重(%) | 36.6 | 38.0 | 38.5 | 40.1 | 39.2 | 38.8 | 37.6 |
| 工业企业有效发明专利数(件) | 335401 | 448885 | 573765 | 769847 | 933990 | 1094200 | 1218074 |
| 每百家工业企业拥有有效发明专利数(件) | 90.7 | 118.8 | 149.7 | 203.4 | 250.7 | 292.0 | 322.5 |
| 工业企业形成国家或行业标准数(项) | 23348 | 23004 | 22719 | 23345 | 24418 | 22533 | 26932 |
| 每万家工业企业形成国家或行业标准数(项) | 631.5 | 608.8 | 592.9 | 616.6 | 655.3 | 601.2 | 713.0 |
| 工业企业拥有注册商标数(件) | 341621 | 378120 | 432703 | 514129 | 566456 | 691945 | 823113 |
| 每百家工业企业拥有注册商标数(件) | 92.4 | 100.1 | 112.9 | 135.8 | 152.0 | 184.6 | 217.9 |

**表 1—4　2013—2019 年企业创新成效情况**

| 指标名称 | 2013 | 2014 | 2015 | 2016 | 2017 | 2018 | 2019 |
|---|---|---|---|---|---|---|---|
| 企业新产品销售收入(亿元) | | 231607 | | 259205 | 295123 | 318301 | 355926 |
| 企业新产品销售收入占营业收入比重(%) | | 13.1 | | 13.3 | 14.6 | 15.6 | 16.2 |
| 工业企业新产品销售收入(亿元) | 128461 | 142895 | 150857 | 174604 | 191569 | 197094 | 212060 |
| 工业企业新产品销售收入占营业收入比重(%) | 12.4 | 12.9 | 13.6 | 15.1 | 16.9 | 18.8 | 19.9 |
| 工业企业新产品出口收入(亿元) | 22853 | 26904 | 29133 | 32713 | 34945 | 36161 | 39269 |
| 工业企业新产品出口占新产品销售收入比重(%) | 17.8 | 18.8 | 19.3 | 18.7 | 18.2 | 18.3 | 18.5 |
| 市场新的产品销售收入占营业收入比重(%) | | 5.8 | | 5.4 | 6.1 | 6.4 | 6.6 |
| 有市场新产品的企业占有产品创新的企业比重(%) | | 63.0 | | 61.7 | 61.4 | 62.2 | 63.0 |
| 有国际市场新产品的企业占有产品创新的工业企业比重(%) | | 21.7 | | 23.9 | 20.9 | 20.5 | 21.1 |
| 有国内市场新产品的企业占有产品创新的工业企业比重(%) | | 62.2 | | 60.3 | 59.9 | 60.7 | 62.4 |
| 工业企业营业收入利润率(%) | 6.6 | 6.2 | 6.0 | 6.2 | 6.6 | 6.3 | 6.2 |
| 工业企业每百元资产实现的营业收入(元) | 119.3 | 115.7 | 108.4 | 106.7 | 101.0 | 92.5 | 88.7 |
| 高技术产业营业收入(亿元)* | 116049 | 127368 | 139969 | 153796 | 159338 | 157001 | 158849 |
| 高技术产业营业收入占制造业营业收入比重(%) | 12.8 | 13.0 | 14.1 | 14.7 | 15.6 | 16.9 | 16.8 |
| 高技术产业利润总额(亿元) | 7234 | 8095 | 8986 | 10302 | 11291 | 10293 | 10504 |
| 高技术产业利润总额占制造业利润总额比重(%) | 13.1 | 14.2 | 15.5 | 15.8 | 17.0 | 18.1 | 19.0 |

注:高技术产业相关数据根据《高技术产业(制造业)分类(2017)》加工整理,下同。

**表 1－5　2013—2019 年企业创新环境情况**

| 指标名称 | 2013 | 2014 | 2015 | 2016 | 2017 | 2018 | 2019 |
|---|---|---|---|---|---|---|---|
| 认为创新对企业生存和发展起重要作用的企业占调查企业比重(%) | | 25.9 | | 22.8 | 24.7 | 25.0 | 32.3 |
| 制定了创新战略目标的企业占调查企业比重(%) | | 54.5 | | 51.3 | 50.7 | 51.1 | 55.6 |
| 工业企业政府研发资金(万元) | 3597485 | 3762867 | 4191025 | 4037843 | 4101098 | 4232715 | 5747869 |
| 工业企业政府研发资金占工业企业 R&D 经费支出比重(%) | 4.3 | 4.1 | 4.2 | 3.7 | 3.4 | 3.3 | 4.1 |
| 认为企业研发费用加计扣除政策效果明显的企业比重(%)* | | | | | 41.7 | 46.0 | 47.3 |
| 工业企业研究开发费用加计扣除减免税(万元) | 3336954 | 3797619 | 4492655 | 4890887 | 5699008 | 8814578 | 13996916 |
| 工业企业研究开发费用加计扣除减免税与 R&D 内部经费支出之比(%) | 4.0 | 4.1 | 4.5 | 4.5 | 4.7 | 6.8 | 10.0 |
| 认为高新技术企业减免税政策效果明显的企业比重(%)* | | | | | 40.0 | 42.6 | 42.0 |
| 工业高新技术企业减免税(万元) | 5855110 | 6130563 | 7023418 | 8427850 | 10622729 | 12250169 | 14237952 |
| 工业高新技术企业平均减免税(万元) | 15.8 | 16.2 | 18.3 | 22.3 | 28.5 | 32.7 | 37.7 |
| 买方为企业法人的全国技术市场成交合同数(项) | 213392 | 209049 | 209342 | 211078 | 250016 | 287778 | 343533 |
| 卖方为企业法人的全国技术市场成交合同数(项) | 183430 | 191654 | 196517 | 218387 | 250126 | 283049 | 321777 |
| 买方为企业法人的全国技术市场成交金额(亿元) | 5598.2 | 6609.6 | 7463.9 | 8773.2 | 10312.7 | 13893.0 | 17419.1 |
| 卖方为企业法人的全国技术市场成交金额(亿元) | 6436.2 | 7516.3 | 8476.9 | 9881.4 | 11875.3 | 15978.0 | 20494.0 |

注：* 2018 年和 2019 年企业研发费用加计扣除政策和高新技术企业减免税政策影响程度选项为“效果明显、效果不明显、未享受”，与 2017 年(不含)之前年份不可比。

# 2. 企业创新投入情况

表 2—1　2019 年分登记注册类型工业企业创新人员投入

| 登记注册类型 | 工业企业R&D人员数（万人） | 工业企业R&D人员折合全时当量（万人年） | 工业企业研发机构中博士与硕士人员数（人） | 工业企业研发机构中博士与硕士人员占机构人员比重（%） |
|---|---|---|---|---|
| **合　计** | **444.1** | **315.2** | **429844** | **12.6** |
| #国有及国有控股 | 81.6 | 55.0 | 144024 | 24.5 |
| **内资企业** | **358.3** | **251.5** | **357027** | **13.4** |
| 国有企业 | 3.4 | 2.4 | 5403 | 25.4 |
| 集体企业 | 0.3 | 0.2 | 91 | 7.5 |
| 股份合作企业 | 0.3 | 0.3 | 82 | 3.6 |
| 联营企业 | | | 3 | 2.0 |
| 有限责任公司 | 120.8 | 83.2 | 162751 | 18.3 |
| 股份有限公司 | 63.0 | 45.1 | 106729 | 19.5 |
| 私营企业 | 170.2 | 120.2 | 81391 | 6.7 |
| 其他企业 | 0.3 | 0.2 | 577 | 18.8 |
| **港、澳、台商投资企业** | **41.2** | **31.4** | **28778** | **7.4** |
| **外商投资企业** | **44.5** | **32.2** | **44039** | **12.3** |

表 2—2 2019 年分行业工业企业创新人员投入

| 行 业 | 工业企业R&D人员（万人） | 工业企业R&D人员折合全时当量（万人年） | 工业企业研发机构中博士与硕士人员数（人） | 工业企业研发机构中博士与硕士人员占机构人员比重（%） |
|---|---|---|---|---|
| **合 计** | **444.1** | **315.2** | **429844** | **12.6** |
| **采矿业** | **11.4** | **6.9** | **10534** | **22.0** |
| 煤炭开采和洗选业 | 5.9 | 3.4 | 2013 | 15.2 |
| 石油和天然气开采业 | 2.3 | 1.6 | 7157 | 30.8 |
| 黑色金属矿采选业 | 0.5 | 0.3 | 552 | 19.1 |
| 有色金属矿采选业 | 0.9 | 0.6 | 246 | 6.6 |
| 非金属矿采选业 | 0.7 | 0.4 | 203 | 6.4 |
| 开采专业及辅助性活动 | 1.1 | 0.6 | 363 | 22.3 |
| **制造业** | **427.1** | **305.0** | **413614** | **12.4** |
| 农副食品加工业 | 7.8 | 5.2 | 6377 | 13.8 |
| 食品制造业 | 6.1 | 4.0 | 5421 | 12.4 |
| 酒、饮料和精制茶制造业 | 3.9 | 2.2 | 2671 | 9.9 |
| 烟草制品业 | 0.6 | 0.4 | 1356 | 39.6 |
| 纺织业 | 13.0 | 9.1 | 2851 | 3.5 |
| 纺织服装、服饰业 | 6.0 | 4.2 | 1205 | 3.1 |
| 皮革、毛皮、羽毛及其制品和制鞋业 | 4.4 | 3.2 | 476 | 1.7 |
| 木材加工和木、竹、藤、棕、草制品业 | 2.5 | 1.7 | 661 | 4.7 |
| 家具制造业 | 4.2 | 3.0 | 958 | 2.8 |
| 造纸和纸制品业 | 4.7 | 3.3 | 1086 | 3.1 |
| 印刷和记录媒介复制业 | 3.7 | 2.7 | 887 | 3.3 |
| 文教、工美、体育和娱乐用品制造业 | 6.3 | 4.5 | 1455 | 3.0 |
| 石油、煤炭及其他燃料加工业 | 2.5 | 1.5 | 1963 | 12.1 |

表 2—2 续表

| 行 业 | 工业企业R&D人员（万人） | 工业企业R&D人员折合全时当量（万人年） | 工业企业研发机构中博士与硕士人员数（人） | 工业企业研发机构中博士与硕士人员占机构人员比重（%） |
|---|---|---|---|---|
| 化学原料和化学制品制造业 | 24.0 | 16.5 | 20412 | 12.4 |
| 医药制造业 | 17.7 | 12.3 | 34361 | 23.8 |
| 化学纤维制造业 | 3.3 | 2.2 | 1412 | 5.5 |
| 橡胶和塑料制品业 | 15.2 | 10.8 | 6049 | 5.0 |
| 非金属矿物制品业 | 18.2 | 12.2 | 7152 | 6.2 |
| 黑色金属冶炼和压延加工业 | 12.5 | 8.6 | 5210 | 8.4 |
| 有色金属冶炼和压延加工业 | 10.6 | 6.9 | 5278 | 8.4 |
| 金属制品业 | 19.0 | 13.4 | 7473 | 5.2 |
| 通用设备制造业 | 33.3 | 24.1 | 23079 | 9.2 |
| 专用设备制造业 | 29.5 | 21.3 | 28392 | 12.5 |
| 汽车制造业 | 35.4 | 25.1 | 41454 | 14.9 |
| 铁路、船舶、航空航天和其他运输设备制造业 | 13.0 | 9.3 | 17942 | 18.8 |
| 电气机械和器材制造业 | 45.3 | 32.8 | 36527 | 9.6 |
| 计算机、通信和其他电子设备制造业 | 70.9 | 54.4 | 137422 | 19.3 |
| 仪器仪表制造业 | 10.3 | 7.7 | 11753 | 13.1 |
| 其他制造业 | 1.7 | 1.3 | 1261 | 9.6 |
| 废弃资源综合利用业 | 0.8 | 0.6 | 438 | 8.6 |
| 金属制品、机械和设备修理业 | 0.8 | 0.5 | 632 | 12.6 |
| **电力、热力、燃气及水生产和供应业** | **5.6** | **3.3** | **5696** | **25.0** |
| 电力、热力生产和供应业 | 4.3 | 2.4 | 4880 | 30.4 |
| 燃气生产和供应业 | 0.7 | 0.5 | 273 | 7.1 |
| 水的生产和供应业 | 0.6 | 0.4 | 543 | 18.3 |

**表 2—3　2019 年分地区工业企业创新人员投入**

| 地　　区 | 工业企业 R&D 人员数（万人） | 工业企业 R&D 人员全时当量（万人年） | 工业企业研发机构中博士与硕士人员数（人） | 工业企业研发机构中博士与硕士人员占机构人员比重（%） |
|---|---|---|---|---|
| **全　　国** | **444.1** | **315.2** | **429844** | **12.6** |
| 东部地区 | 295.6 | 217.5 | 305737 | 12.0 |
| 中部地区 | 89.4 | 60.0 | 73007 | 13.6 |
| 西部地区 | 46.8 | 29.7 | 37926 | 14.9 |
| 东北地区 | 12.2 | 7.9 | 13174 | 19.3 |
| 北　　京 | 6.5 | 4.4 | 14106 | 32.6 |
| 天　　津 | 6.6 | 4.6 | 6077 | 17.7 |
| 河　　北 | 11.7 | 7.6 | 9373 | 10.0 |
| 山　　西 | 4.5 | 2.7 | 4434 | 14.4 |
| 内 蒙 古 | 2.2 | 1.5 | 1834 | 14.9 |
| 辽　　宁 | 7.8 | 5.2 | 6470 | 17.9 |
| 吉　　林 | 2.1 | 1.2 | 3712 | 22.6 |
| 黑 龙 江 | 2.3 | 1.5 | 2992 | 19.0 |
| 上　　海 | 11.3 | 8.1 | 23816 | 32.7 |
| 江　　苏 | 69.3 | 50.8 | 56508 | 10.1 |
| 浙　　江 | 57.5 | 45.2 | 30751 | 6.8 |
| 安　　徽 | 18.4 | 12.4 | 17511 | 12.2 |
| 福　　建 | 18.0 | 12.6 | 8679 | 9.3 |
| 江　　西 | 12.2 | 8.5 | 7686 | 7.8 |
| 山　　东 | 30.4 | 19.8 | 26322 | 15.4 |
| 河　　南 | 20.7 | 14.0 | 12306 | 13.0 |
| 湖　　北 | 17.6 | 11.6 | 16024 | 16.8 |
| 湖　　南 | 16.1 | 10.7 | 15046 | 21.0 |
| 广　　东 | 83.9 | 64.2 | 129870 | 12.5 |
| 广　　西 | 3.2 | 2.2 | 2066 | 12.5 |
| 海　　南 | 0.3 | 0.2 | 235 | 11.2 |
| 重　　庆 | 9.9 | 6.2 | 6351 | 12.9 |
| 四　　川 | 12.9 | 7.8 | 11223 | 14.9 |
| 贵　　州 | 3.8 | 2.3 | 1874 | 9.9 |
| 云　　南 | 4.5 | 2.9 | 1792 | 11.1 |
| 西　　藏 | 0.0 | 0.0 | 6 | 13.3 |
| 陕　　西 | 6.3 | 4.3 | 7761 | 21.5 |
| 甘　　肃 | 1.6 | 0.9 | 1681 | 14.9 |
| 青　　海 | 0.4 | 0.2 | 344 | 14.5 |
| 宁　　夏 | 1.3 | 0.8 | 827 | 9.5 |
| 新　　疆 | 0.8 | 0.5 | 2167 | 27.7 |

**表 2—4　2019 年分登记注册类型工业企业创新经费投入**

| 登记注册类型 | 工业企业创新费用（亿元） | 工业企业R&D经费内部支出（亿元） | 工业企业R&D经费支出与营业收入之比（%） | 工业企业R&D经费支出占创新费用支出比重（%） | 工业企业新产品开发经费支出（亿元） | 工业企业新产品开发经费与营业收入之比（%） |
|---|---|---|---|---|---|---|
| **合　计** | **23184.9** | **13971.1** | **1.31** | **60.3** | **16985.7** | **1.59** |
| #国有及国有控股 | 7064.2 | 3269.5 | 1.14 | 46.3 | 3668.9 | 1.28 |
| **内资企业** | **18570.8** | **11219.0** | **1.35** | **60.4** | **13364.3** | **1.61** |
| 国有企业 | 197.2 | 83.2 | 0.41 | 42.2 | 93.6 | 0.46 |
| 集体企业 | 8.6 | 5.7 | 0.37 | 66.4 | 6.8 | 0.43 |
| 股份合作企业 | 8.5 | 6.3 | 0.94 | 74.1 | 7.6 | 1.14 |
| 联营企业 | 0.6 | 0.4 | 0.60 | 78.9 | 0.5 | 0.64 |
| 有限责任公司 | 8095.3 | 4449.8 | 1.32 | 55.0 | 5439.5 | 1.62 |
| 股份有限公司 | 3507.2 | 2139.1 | 1.91 | 61.0 | 2409.1 | 2.15 |
| 私营企业 | 6731.0 | 4516.7 | 1.25 | 67.1 | 5389.7 | 1.49 |
| 其他企业 | 22.3 | 17.6 | 6.02 | 79.0 | 17.6 | 6.00 |
| **港、澳、台商投资企业** | **1779.2** | **1138.4** | **1.23** | **64.0** | **1487.6** | **1.61** |
| **外商投资企业** | **2834.8** | **1613.8** | **1.14** | **56.9** | **2133.9** | **1.51** |

表 2—5　2019 年分行业工业企业创新经费投入

| 行　业 | 工业企业创新费用（亿元） | 工业企业R&D经费内部支出（亿元） | 工业企业R&D经费支出与营业收入之比（%） | 工业企业R&D经费支出占创新费用支出比重（%） | 工业企业新产品开发经费支出（亿元） | 工业企业新产品开发经费与营业收入之比（%） |
|---|---|---|---|---|---|---|
| **合　计** | **23184.9** | **13971.1** | **1.31** | **60.3** | **16985.7** | **1.59** |
| **采矿业** | **519.8** | **288.1** | **0.67** | **55.4** | **126.6** | **0.29** |
| 煤炭开采和洗选业 | 244.9 | 109.2 | 0.50 | 44.6 | 46.7 | 0.21 |
| 石油和天然气开采业 | 144.2 | 93.8 | 1.08 | 65.0 | 23.7 | 0.27 |
| 黑色金属矿采选业 | 24.8 | 13.4 | 0.37 | 54.2 | 10.2 | 0.28 |
| 有色金属矿采选业 | 38.7 | 21.8 | 0.79 | 56.4 | 10.7 | 0.39 |
| 非金属矿采选业 | 28.6 | 18.6 | 0.52 | 64.9 | 13.4 | 0.38 |
| 开采专业及辅助性活动 | 38.6 | 31.2 | 1.28 | 81.0 | 21.8 | 0.89 |
| **制造业** | **22231.5** | **13538.5** | **1.44** | **60.9** | **16743.8** | **1.78** |
| 农副食品加工业 | 364.1 | 262.0 | 0.55 | 72.0 | 291.8 | 0.62 |
| 食品制造业 | 257.3 | 156.2 | 0.80 | 60.7 | 195.7 | 1.00 |
| 酒、饮料和精制茶制造业 | 173.0 | 107.6 | 0.70 | 62.2 | 109.5 | 0.71 |
| 烟草制品业 | 163.6 | 30.4 | 0.27 | 18.6 | 29.4 | 0.26 |
| 纺织业 | 365.1 | 265.9 | 1.08 | 72.8 | 299.7 | 1.21 |
| 纺织服装、服饰业 | 140.8 | 105.6 | 0.68 | 75.0 | 126.4 | 0.81 |
| 皮革、毛皮、羽毛及其制品和制鞋业 | 104.2 | 80.3 | 0.68 | 77.1 | 96.3 | 0.81 |
| 木材加工和木、竹、藤、棕、草制品业 | 81.9 | 63.2 | 0.71 | 77.1 | 67.8 | 0.76 |
| 家具制造业 | 106.3 | 73.6 | 1.00 | 69.2 | 101.5 | 1.38 |
| 造纸和纸制品业 | 233.4 | 157.7 | 1.18 | 67.5 | 184.1 | 1.38 |
| 印刷和记录媒介复制业 | 138.3 | 79.6 | 1.17 | 57.5 | 96.5 | 1.42 |
| 文教、工美、体育和娱乐用品制造业 | 162.1 | 118.2 | 0.91 | 72.9 | 147.9 | 1.14 |
| 石油、煤炭及其他燃料加工业 | 437.6 | 184.7 | 0.38 | 42.2 | 122.2 | 0.25 |

表 2—5　续表

| 行　业 | 工业企业创新费用(亿元) | 工业企业R&D经费内部支出(亿元) | 工业企业R&D经费支出与营业收入之比(%) | 工业企业R&D经费支出占创新费用支出比重(%) | 工业企业新产品开发经费支出(亿元) | 工业企业新产品开发经费与营业收入之比(%) |
|---|---|---|---|---|---|---|
| 化学原料和化学制品制造业 | 1379.3 | 923.4 | 1.39 | 66.9 | 878.4 | 1.33 |
| 医药制造业 | 979.6 | 609.6 | 2.55 | 62.2 | 732.5 | 3.07 |
| 化学纤维制造业 | 182.1 | 123.7 | 1.35 | 67.9 | 160.8 | 1.75 |
| 橡胶和塑料制品业 | 545.3 | 357.6 | 1.39 | 65.6 | 464.0 | 1.81 |
| 非金属矿物制品业 | 758.1 | 520.1 | 0.92 | 68.6 | 554.3 | 0.99 |
| 黑色金属冶炼和压延加工业 | 1892.5 | 886.3 | 1.25 | 46.8 | 955.9 | 1.35 |
| 有色金属冶炼和压延加工业 | 736.4 | 479.8 | 0.89 | 65.2 | 428.1 | 0.79 |
| 金属制品业 | 674.1 | 466.4 | 1.28 | 69.2 | 572.3 | 1.58 |
| 通用设备制造业 | 1162.6 | 822.9 | 2.09 | 70.8 | 1027.9 | 2.61 |
| 专用设备制造业 | 1045.9 | 776.7 | 2.57 | 74.3 | 969.9 | 3.21 |
| 汽车制造业 | 2787.3 | 1289.6 | 1.60 | 46.3 | 1735.2 | 2.16 |
| 铁路、船舶、航空航天和其他运输设备制造业 | 763.6 | 429.1 | 3.04 | 56.2 | 541.9 | 3.84 |
| 电气机械和器材制造业 | 1947.8 | 1406.2 | 2.16 | 72.2 | 1764.4 | 2.72 |
| 计算机、通信和其他电子设备制造业 | 4197.9 | 2448.1 | 2.19 | 58.3 | 3677.8 | 3.29 |
| 仪器仪表制造业 | 324.5 | 229.1 | 3.02 | 70.6 | 322.8 | 4.25 |
| 其他制造业 | 60.3 | 39.8 | 2.06 | 66.0 | 43.4 | 2.24 |
| 废弃资源综合利用业 | 40.3 | 28.2 | 0.56 | 70.1 | 22.5 | 0.45 |
| 金属制品、机械和设备修理业 | 26.1 | 17.1 | 1.18 | 65.3 | 23.2 | 1.60 |
| **电力、热力、燃气及水生产和供应业** | **433.6** | **144.5** | **0.18** | **33.3** | **115.3** | **0.14** |
| 电力、热力生产和供应业 | 363.0 | 113.0 | 0.17 | 31.1 | 91.4 | 0.13 |
| 燃气生产和供应业 | 42.4 | 17.0 | 0.18 | 40.1 | 12.8 | 0.14 |
| 水的生产和供应业 | 28.2 | 14.4 | 0.45 | 51.3 | 11.2 | 0.35 |

**表 2—6　2019 年分地区工业企业创新经费投入**

| 地　　区 | 工业企业创新费用（亿元） | 工业企业R&D经费内部支出（亿元） | 工业企业R&D经费支出与营业收入之比（%） | 工业企业R&D经费支出占创新费用支出比重（%） | 工业企业新产品开发经费支出（亿元） | 工业企业新产品开发经费与营业收入之比（%） |
|---|---|---|---|---|---|---|
| **全　　国** | **23184.9** | **13971.1** | **1.31** | **60.3** | **16985.7** | **1.59** |
| 东部地区 | 14750.7 | 9143.4 | 1.51 | 62.0 | 11743.9 | 1.93 |
| 中部地区 | 4370.8 | 2823.2 | 1.25 | 64.6 | 3066.5 | 1.36 |
| 西部地区 | 2776.8 | 1554.4 | 0.88 | 56.0 | 1581.5 | 0.89 |
| 东北地区 | 1286.6 | 450.1 | 0.81 | 35.0 | 593.9 | 1.07 |
| 北　　京 | 494.1 | 285.2 | 1.24 | 57.7 | 424.5 | 1.85 |
| 天　　津 | 304.6 | 213.4 | 1.13 | 70.1 | 212.0 | 1.12 |
| 河　　北 | 710.7 | 438.6 | 1.07 | 61.7 | 504.6 | 1.23 |
| 山　　西 | 269.3 | 138.1 | 0.65 | 51.3 | 140.3 | 0.66 |
| 内 蒙 古 | 177.8 | 118.4 | 0.70 | 66.6 | 92.5 | 0.55 |
| 辽　　宁 | 525.8 | 310.2 | 0.99 | 59.0 | 342.0 | 1.09 |
| 吉　　林 | 617.0 | 68.4 | 0.49 | 11.1 | 177.0 | 1.27 |
| 黑 龙 江 | 143.8 | 71.5 | 0.69 | 49.7 | 74.9 | 0.73 |
| 上　　海 | 1240.2 | 590.7 | 1.48 | 47.6 | 851.6 | 2.13 |
| 江　　苏 | 3148.3 | 2206.2 | 1.86 | 70.1 | 2701.3 | 2.28 |
| 浙　　江 | 1798.5 | 1274.2 | 1.68 | 70.8 | 1531.7 | 2.01 |
| 安　　徽 | 933.0 | 576.5 | 1.55 | 61.8 | 619.3 | 1.66 |
| 福　　建 | 795.4 | 598.5 | 1.04 | 75.2 | 580.6 | 1.01 |
| 江　　西 | 543.9 | 320.2 | 0.91 | 58.9 | 458.5 | 1.31 |
| 山　　东 | 1680.0 | 1210.9 | 1.46 | 72.1 | 1056.6 | 1.27 |
| 河　　南 | 800.5 | 608.7 | 1.23 | 76.0 | 498.1 | 1.00 |
| 湖　　北 | 897.6 | 586.5 | 1.30 | 65.3 | 690.9 | 1.53 |
| 湖　　南 | 926.6 | 593.1 | 1.57 | 64.0 | 659.4 | 1.75 |
| 广　　东 | 4556.0 | 2314.9 | 1.58 | 50.8 | 3865.0 | 2.63 |
| 广　　西 | 328.9 | 104.5 | 0.60 | 31.8 | 144.5 | 0.83 |
| 海　　南 | 22.9 | 10.8 | 0.47 | 47.3 | 16.0 | 0.69 |
| 重　　庆 | 472.7 | 335.9 | 1.57 | 71.1 | 342.1 | 1.60 |
| 四　　川 | 630.3 | 387.9 | 0.88 | 61.5 | 403.1 | 0.91 |
| 贵　　州 | 182.9 | 91.0 | 0.93 | 49.8 | 85.7 | 0.88 |
| 云　　南 | 259.7 | 129.8 | 0.89 | 50.0 | 122.8 | 0.84 |
| 西　　藏 | 1.5 | 0.6 | 0.19 | 38.3 | 0.7 | 0.22 |
| 陕　　西 | 375.5 | 240.8 | 0.91 | 64.1 | 265.4 | 1.01 |
| 甘　　肃 | 120.8 | 50.6 | 0.67 | 41.9 | 45.7 | 0.61 |
| 青　　海 | 25.0 | 9.4 | 0.39 | 37.6 | 9.2 | 0.38 |
| 宁　　夏 | 94.1 | 41.6 | 0.84 | 44.2 | 31.1 | 0.63 |
| 新　　疆 | 107.5 | 44.1 | 0.38 | 41.0 | 38.7 | 0.34 |

**表 2—7　2019 年分登记注册类型工业企业研发机构建设**

| 登记注册类型 | 工业企业办研发机构数（个） | 有研发机构的工业企业数（个） | 有研发机构企业占工业企业比重（%） | 工业企业办研发机构仪器和设备原价（亿元） | 工业企业办研发机构平均仪器和设备原价（万元） |
|---|---|---|---|---|---|
| **合　计** | **95459** | **85274** | **22.6** | **9424.5** | **987.3** |
| #国有及国有控股 | 6001 | 4009 | 19.4 | 2692.3 | 4486.5 |
| **内资企业** | **82176** | **73205** | **21.9** | **7349.6** | **894.4** |
| 国有企业 | 213 | 147 | 10.0 | 108.9 | 5111.4 |
| 集体企业 | 82 | 80 | 7.2 | 3.2 | 391.7 |
| 股份合作企业 | 123 | 116 | 15.8 | 5.7 | 466.8 |
| 联营企业 | 7 | 7 | 12.1 | 0.1 | 114.4 |
| 有限责任公司 | 18562 | 15685 | 20.7 | 3171.1 | 1708.4 |
| 股份有限公司 | 7210 | 4782 | 41.2 | 1304.4 | 1809.2 |
| 私营企业 | 55975 | 52384 | 21.5 | 2750.7 | 491.4 |
| 其他企业 | 4 | 4 | 11.8 | 5.4 | 13498.4 |
| **港、澳、台商投资企业** | **6763** | **6130** | **30.6** | **970.4** | **1434.8** |
| **外商投资企业** | **6520** | **5939** | **25.2** | **1104.6** | **1694.2** |

表 2—8　2019 年分行业工业企业研发机构建设

| 行业 | 工业企业办研发机构数（个） | 有研发机构的工业企业数（个） | 有研发机构企业占工业企业比重（%） | 工业企业办研发机构仪器和设备原价（亿元） | 工业企业办研发机构平均仪器和设备原价（万元） |
|---|---|---|---|---|---|
| **合计** | **95459** | **85274** | **22.6** | **9424.5** | **987.3** |
| **采矿业** | **614** | **440** | **4.3** | **116.4** | **1895.4** |
| 煤炭开采和洗选业 | 152 | 102 | 2.4 | 26.9 | 1770.6 |
| 石油和天然气开采业 | 85 | 24 | 20.2 | 43.9 | 5168.0 |
| 黑色金属矿采选业 | 55 | 50 | 4.3 | 11.6 | 2115.3 |
| 有色金属矿采选业 | 99 | 77 | 6.3 | 13.9 | 1399.9 |
| 非金属矿采选业 | 207 | 175 | 5.5 | 13.6 | 659.2 |
| 开采专业及辅助性活动 | 16 | 12 | 4.7 | 6.4 | 4000.0 |
| **制造业** | **94113** | **84209** | **23.8** | **9137.7** | **970.9** |
| 农副食品加工业 | 2670 | 2450 | 11.5 | 107.7 | 403.5 |
| 食品制造业 | 1689 | 1460 | 18.2 | 132.4 | 783.9 |
| 酒、饮料和精制茶制造业 | 962 | 768 | 13.5 | 68.2 | 709.5 |
| 烟草制品业 | 54 | 46 | 43.0 | 47.8 | 8845.1 |
| 纺织业 | 3621 | 3456 | 19.2 | 143.4 | 396.0 |
| 纺织服装、服饰业 | 1667 | 1580 | 11.8 | 47.1 | 282.7 |
| 皮革、毛皮、羽毛及其制品和制鞋业 | 1298 | 1274 | 15.3 | 23.1 | 177.7 |
| 木材加工和木、竹、藤、棕、草制品业 | 935 | 898 | 10.0 | 33.6 | 359.1 |
| 家具制造业 | 1261 | 1209 | 18.7 | 32.0 | 253.7 |
| 造纸和纸制品业 | 1183 | 1092 | 16.6 | 98.5 | 833.0 |
| 印刷和记录媒介复制业 | 1095 | 1049 | 18.5 | 73.9 | 674.6 |
| 文教、工美、体育和娱乐用品制造业 | 1970 | 1866 | 21.3 | 50.9 | 258.5 |
| 石油、煤炭及其他燃料加工业 | 383 | 308 | 15.4 | 153.9 | 4018.0 |

表2—8 续表

| 行业 | 工业企业办研发机构数（个） | 有研发机构的工业企业数（个） | 有研发机构企业占工业企业比重（%） | 工业企业办研发机构仪器和设备原价（亿元） | 工业企业办研发机构平均仪器和设备原价（万元） |
|---|---|---|---|---|---|
| 化学原料和化学制品制造业 | 6774 | 5806 | 26.9 | 1027.1 | 1516.3 |
| 医药制造业 | 3410 | 2650 | 35.9 | 420.7 | 1233.6 |
| 化学纤维制造业 | 614 | 549 | 29.2 | 111.7 | 1818.4 |
| 橡胶和塑料制品业 | 4976 | 4670 | 24.1 | 315.6 | 634.2 |
| 非金属矿物制品业 | 5103 | 4640 | 12.8 | 340.9 | 668.0 |
| 黑色金属冶炼和压延加工业 | 1020 | 920 | 18.0 | 370.1 | 3628.6 |
| 有色金属冶炼和压延加工业 | 1961 | 1677 | 23.1 | 239.7 | 1222.2 |
| 金属制品业 | 6077 | 5688 | 23.0 | 351.6 | 578.6 |
| 通用设备制造业 | 8480 | 7667 | 30.9 | 606.6 | 715.3 |
| 专用设备制造业 | 7300 | 6510 | 34.1 | 424.9 | 582.0 |
| 汽车制造业 | 4565 | 4083 | 26.4 | 910.8 | 1995.1 |
| 铁路、船舶、航空航天和其他运输设备制造业 | 1472 | 1271 | 27.0 | 332.3 | 2257.4 |
| 电气机械和器材制造业 | 10773 | 9573 | 37.9 | 1155.0 | 1072.1 |
| 计算机、通信和其他电子设备制造业 | 9603 | 8289 | 44.3 | 1333.4 | 1388.6 |
| 仪器仪表制造业 | 2376 | 2024 | 41.4 | 125.9 | 530.1 |
| 其他制造业 | 445 | 401 | 23.9 | 31.8 | 714.0 |
| 废弃资源综合利用业 | 287 | 264 | 13.8 | 16.8 | 583.8 |
| 金属制品、机械和设备修理业 | 89 | 71 | 15.4 | 10.4 | 1173.1 |
| **电力、热力、燃气及水生产和供应业** | **732** | **625** | **4.6** | **170.4** | **2328.0** |
| 电力、热力生产和供应业 | 465 | 381 | 4.2 | 149.5 | 3215.2 |
| 燃气生产和供应业 | 107 | 97 | 4.2 | 9.9 | 927.9 |
| 水的生产和供应业 | 160 | 147 | 6.1 | 11.0 | 685.8 |

表 2—9　2019 年分地区工业企业研发机构建设

| 地　区 | 工业企业办研发机构数（个） | 有研发机构的工业企业数（个） | 有研发机构企业占工业企业比重（%） | 工业企业办研发机构仪器和设备原价（亿元） | 工业企业办研发机构平均仪器和设备原价（万元） |
|---|---|---|---|---|---|
| **全　国** | **95459** | **85274** | **22.6** | **9424.5** | **987.3** |
| 东部地区 | 72380 | 65842 | 29.5 | 6652.1 | 919.1 |
| 中部地区 | 16666 | 14155 | 16.2 | 1710.8 | 1026.5 |
| 西部地区 | 5488 | 4521 | 8.5 | 802.1 | 1461.5 |
| 东北地区 | 925 | 756 | 5.3 | 259.6 | 2806.1 |
| 北　京 | 508 | 447 | 14.3 | 128.1 | 2522.3 |
| 天　津 | 515 | 433 | 9.0 | 96.6 | 1875.6 |
| 河　北 | 2154 | 1849 | 14.0 | 216.7 | 1006.0 |
| 山　西 | 486 | 466 | 9.7 | 147.9 | 3043.8 |
| 内蒙古 | 143 | 93 | 3.1 | 33.6 | 2348.5 |
| 辽　宁 | 591 | 487 | 6.4 | 131.4 | 2223.8 |
| 吉　林 | 164 | 136 | 4.5 | 72.8 | 4437.6 |
| 黑龙江 | 170 | 133 | 3.8 | 55.4 | 3256.7 |
| 上　海 | 695 | 642 | 7.3 | 324.6 | 4669.8 |
| 江　苏 | 23015 | 21303 | 46.2 | 1563.0 | 679.1 |
| 浙　江 | 13850 | 13274 | 29.0 | 833.6 | 601.9 |
| 安　徽 | 5874 | 4812 | 27.1 | 502.7 | 855.8 |
| 福　建 | 1879 | 1703 | 9.3 | 248.7 | 1323.3 |
| 江　西 | 3757 | 3467 | 26.6 | 232.7 | 619.3 |
| 山　东 | 3822 | 2566 | 9.5 | 1081.5 | 2829.8 |
| 河　南 | 2141 | 1626 | 8.3 | 247.5 | 1156.1 |
| 湖　北 | 2340 | 2012 | 13.0 | 292.5 | 1250.0 |
| 湖　南 | 2068 | 1772 | 10.7 | 287.5 | 1390.0 |
| 广　东 | 25891 | 23592 | 42.6 | 2156.2 | 832.8 |
| 广　西 | 323 | 263 | 4.3 | 51.0 | 1578.8 |
| 海　南 | 51 | 33 | 8.0 | 3.1 | 600.4 |
| 重　庆 | 1131 | 995 | 14.9 | 130.7 | 1156.0 |
| 四　川 | 1497 | 1237 | 8.5 | 209.2 | 1397.7 |
| 贵　州 | 590 | 520 | 11.1 | 63.6 | 1077.5 |
| 云　南 | 538 | 465 | 10.7 | 61.3 | 1140.0 |
| 西　藏 | 5 | 5 | 3.4 | 0.1 | 281.9 |
| 陕　西 | 623 | 459 | 6.5 | 149.6 | 2401.5 |
| 甘　肃 | 189 | 133 | 7.3 | 26.2 | 1386.1 |
| 青　海 | 47 | 29 | 5.0 | 16.4 | 3481.4 |
| 宁　夏 | 268 | 239 | 20.0 | 35.5 | 1323.8 |
| 新　疆 | 134 | 83 | 2.6 | 24.8 | 1852.2 |

**附表 1　2019 年工业企业技术获取情况**

| 项　　目 | 工业企业引进境外技术经费支出（万元） | 工业企业引进境外技术的消化吸收经费支出（万元） | 工业企业购买境内技术经费支出（万元） | 工业企业技术改造经费支出（万元） |
|---|---|---|---|---|
| **合　计** | **4766901** | **967692** | **5374093** | **37401531** |
| # 国有及国有控股 | 2836651 | 791106 | 1913646 | 21917327 |
| **一、按登记注册类型分** | | | | |
| **内资企业** | **2057486** | **141764** | **4894850** | **31182278** |
| 国有企业 | 279 | 77 | 4100 | 755416 |
| 集体企业 | | | 50 | 9698 |
| 股份合作企业 | | | 63 | 6907 |
| 联营企业 | | | 9 | 392 |
| 有限责任公司 | 1026007 | 66885 | 1662506 | 17290296 |
| 股份有限公司 | 265440 | 40787 | 607365 | 7182230 |
| 私营企业 | 765646 | 34017 | 2619216 | 5909051 |
| 其他企业 | 114 | | 1542 | 28289 |
| **港、澳、台商投资企业** | **92448** | **26255** | **222389** | **2430982** |
| **外商投资企业** | **2616968** | **799672** | **256854** | **3788272** |
| **二、按行业分** | | | | |
| **采矿业** | **17794** | **4902** | **21175** | **1162045** |
| 煤炭开采和洗选业 | 16608 | 4902 | 11417 | 917672 |
| 石油和天然气开采业 | | | 7288 | 74234 |
| 黑色金属矿采选业 | | | 1350 | 39604 |
| 有色金属矿采选业 | | | 668 | 80948 |
| 非金属矿采选业 | 415 | | 399 | 44890 |
| 开采专业及辅助性活动 | 771 | | 52 | 4698 |
| **制造业** | **4733561** | **962680** | **5292383** | **34400563** |
| 农副食品加工业 | 2085 | 1196 | 14521 | 296368 |
| 食品制造业 | 35101 | 15331 | 20784 | 384244 |
| 酒、饮料和精制茶制造业 | 3442 | 1043 | 9838 | 355296 |
| 烟草制品业 | 82740 | 530 | 306306 | 830311 |
| 纺织业 | 8522 | 2142 | 42734 | 366285 |
| 纺织服装、服饰业 | 1220 | 2102 | 7142 | 91194 |

附表 1　续表 1

| 项　　目 | 工业企业引进境外技术经费支出（万元） | 工业企业引进境外技术的消化吸收经费支出（万元） | 工业企业购买境内技术经费支出（万元） | 工业企业技术改造经费支出（万元） |
|---|---|---|---|---|
| 皮革、毛皮、羽毛及其制品和制鞋业 | 176 | 11 | 1827 | 29840 |
| 木材加工和木、竹、藤、棕、草制品业 | 431 | 636 | 693 | 44114 |
| 家具制造业 | 685 | | 1853 | 84803 |
| 造纸和纸制品业 | 5482 | 4609 | 5911 | 285826 |
| 印刷和记录媒介复制业 | 17506 | | 25470 | 281134 |
| 文教、工美、体育和娱乐用品制造业 | 4114 | 2045 | 11380 | 120448 |
| 石油、煤炭及其他燃料加工业 | 42870 | 10832 | 98290 | 1883082 |
| 化学原料和化学制品制造业 | 115317 | 12548 | 79207 | 2176946 |
| 医药制造业 | 43147 | 22595 | 256336 | 1018337 |
| 化学纤维制造业 | 2216 | 200 | 26926 | 219728 |
| 橡胶和塑料制品业 | 73917 | 3604 | 45673 | 726204 |
| 非金属矿物制品业 | 14284 | 1404 | 41742 | 943789 |
| 黑色金属冶炼和压延加工业 | 117487 | 7809 | 610571 | 7136961 |
| 有色金属冶炼和压延加工业 | 24057 | 1131 | 56943 | 1274091 |
| 金属制品业 | 18084 | 5567 | 38605 | 731576 |
| 通用设备制造业 | 163763 | 36677 | 73148 | 1056783 |
| 专用设备制造业 | 64156 | 10613 | 37300 | 714138 |
| 汽车制造业 | 2690197 | 728108 | 483588 | 6919737 |
| 铁路、船舶、航空航天和其他运输设备制造业 | 189671 | 6762 | 380735 | 964092 |
| 电气机械和器材制造业 | 143899 | 20532 | 278982 | 1731796 |
| 计算机、通信和其他电子设备制造业 | 853720 | 63806 | 2311066 | 3427936 |
| 仪器仪表制造业 | 12494 | 845 | 20250 | 159835 |
| 其他制造业 | 2 | 2 | 1782 | 97691 |
| 废弃资源综合利用业 | | | 1131 | 28631 |
| 金属制品、机械和设备修理业 | 2774 | 2 | 1653 | 19348 |
| **电力、热力、燃气及水生产和供应业** | **15547** | **110** | **60535** | **1838923** |
| 电力、热力生产和供应业 | 15447 | 10 | 60296 | 1590148 |
| 燃气生产和供应业 | 100 | 100 | 15 | 167556 |
| 水的生产和供应业 | | | 224 | 81219 |

附表1　续表2

| 项　　目 | 工业企业引进境外技术经费支出（万元） | 工业企业引进境外技术的消化吸收经费支出（万元） | 工业企业购买境内技术经费支出（万元） | 工业企业技术改造经费支出（万元） |
|---|---|---|---|---|
| **三、按地区分** | | | | |
| 东部地区 | 3621800 | 870224 | 4025585 | 18458378 |
| 中部地区 | 253946 | 48327 | 367668 | 7001413 |
| 西部地区 | 309380 | 33658 | 499120 | 6702613 |
| 东北地区 | 581774 | 15483 | 481721 | 5239127 |
| 北　京 | 190392 | 1413 | 116795 | 326716 |
| 天　津 | 39051 | 872 | 14628 | 326552 |
| 河　北 | 24475 | 6922 | 68642 | 1048086 |
| 山　西 | 19897 | 5378 | 18729 | 646952 |
| 内蒙古 | 37822 | 15383 | 6767 | 217753 |
| 辽　宁 | 91812 | 10825 | 213791 | 1012012 |
| 吉　林 | 482382 | | 201313 | 3897277 |
| 黑龙江 | 7579 | 4658 | 66618 | 329838 |
| 上　海 | 1422801 | 777264 | 422738 | 1960969 |
| 江　苏 | 206955 | 24992 | 163448 | 3562772 |
| 浙　江 | 94292 | 8496 | 247071 | 2033199 |
| 安　徽 | 24026 | 4386 | 56299 | 1952119 |
| 福　建 | 89385 | 13515 | 80834 | 1221036 |
| 江　西 | 26983 | 2632 | 120861 | 725241 |
| 山　东 | 128907 | 15200 | 307818 | 2316033 |
| 河　南 | 13187 | 1319 | 89988 | 1062054 |
| 湖　北 | 48162 | 870 | 42960 | 1088146 |
| 湖　南 | 121692 | 33742 | 38832 | 1526901 |
| 广　东 | 1425542 | 21551 | 2597363 | 5646327 |
| 广　西 | 6729 | 402 | 19973 | 1748773 |
| 海　南 | | | 6248 | 16687 |
| 重　庆 | 99016 | 4909 | 18198 | 723308 |
| 四　川 | 63651 | 11404 | 86405 | 1111248 |
| 贵　州 | 1216 | 81 | 124098 | 482822 |
| 云　南 | 83298 | 1043 | 116745 | 699957 |
| 西　藏 | 72 | | | 11 |
| 陕　西 | 15241 | 437 | 36324 | 486569 |
| 甘　肃 | 1015 | | 85538 | 518759 |
| 青　海 | 866 | | 105 | 70062 |
| 宁　夏 | 15 | | 1352 | 417002 |
| 新　疆 | 439 | | 3615 | 226350 |

# 3. 企业创新活动情况

表 3—1　2019 年分登记注册类型工业企业 R&D 活动情况

| 登记注册类型 | 有 R&D 活动的工业企业数（个） | 有 R&D 活动的工业企业占工业企业比重（%） | 有 R&D 活动工业企业占有技术创新活动工业企业比重（%） | 工业企业 R&D 项目数（个） | 工业企业 R&D 项目经费内部支出（亿元） | 工业企业 R&D 项目平均经费内部支出（万元） |
|---|---|---|---|---|---|---|
| **合　计** | **129198** | **34.2** | **68.9** | **598072** | **14236.9** | **238.0** |
| # 国有及国有控股 | 6900 | 33.4 | 67.6 | 81134 | 3421.1 | 421.7 |
| **内资企业** | **113548** | **34.0** | **69.1** | **510509** | **11392.0** | **223.1** |
| 国有企业 | 277 | 18.8 | 62.8 | 3890 | 83.4 | 214.4 |
| 集体企业 | 130 | 11.7 | 55.6 | 347 | 5.5 | 159.1 |
| 股份合作企业 | 242 | 33.1 | 68.9 | 724 | 6.6 | 91.5 |
| 联营企业 | 9 | 15.5 | 60.0 | 27 | 0.4 | 165.5 |
| 有限责任公司 | 24652 | 32.6 | 67.8 | 145405 | 4518.3 | 310.7 |
| 股份有限公司 | 6733 | 58.0 | 79.5 | 65058 | 2239.8 | 344.3 |
| 私营企业 | 81501 | 33.5 | 68.8 | 294868 | 4519.3 | 153.3 |
| 其他企业 | 4 | 11.8 | 80.0 | 190 | 18.6 | 977.0 |
| **港、澳、台商投资企业** | **7418** | **37.0** | **69.4** | **40931** | **1148.5** | **280.6** |
| **外商投资企业** | **8232** | **35.0** | **66.4** | **46632** | **1696.5** | **363.8** |

**表 3－2　2019 年分行业工业企业 R&D 活动情况**

| 行　业 | 有 R&D 活动的工　业企业数（个） | 有 R&D 活动的工业企业占工业企业比　重（%） | 有 R&D 活动工业企业占有技术创新活动工业企业比重（%） | 工业企业 R&D 项目数（个） | 工业企业 R&D 项目经费内部支出（亿元） | 工业企业 R&D 项目平均经费内部支出（万元） |
|---|---|---|---|---|---|---|
| **合　计** | **129198** | **34.2** | **68.9** | **598072** | **14236.9** | **238.0** |
| **采矿业** | **1026** | **10.1** | **55.0** | **9244** | **268.3** | **290.3** |
| 煤炭开采和洗选业 | 318 | 7.5 | 50.4 | 2952 | 112.1 | 379.6 |
| 石油和天然气开采业 | 41 | 34.5 | 77.4 | 2502 | 69.4 | 277.4 |
| 黑色金属矿采选业 | 94 | 8.1 | 44.8 | 523 | 13.5 | 258.6 |
| 有色金属矿采选业 | 195 | 15.8 | 59.5 | 924 | 23.0 | 249.0 |
| 非金属矿采选业 | 333 | 10.5 | 58.1 | 900 | 18.3 | 203.1 |
| 开采专业及辅助性活动 | 45 | 17.6 | 68.2 | 1443 | 32.0 | 221.9 |
| **制造业** | **126844** | **35.9** | **69.4** | **579883** | **13827.0** | **238.4** |
| 农副食品加工业 | 4478 | 21.0 | 58.7 | 12736 | 262.5 | 206.1 |
| 食品制造业 | 2408 | 30.0 | 61.0 | 9491 | 155.1 | 163.4 |
| 酒、饮料和精制茶制造业 | 1428 | 25.2 | 58.2 | 4514 | 106.8 | 236.6 |
| 烟草制品业 | 56 | 52.3 | 71.8 | 1496 | 26.6 | 178.1 |
| 纺织业 | 5227 | 29.0 | 66.5 | 15963 | 261.9 | 164.1 |
| 纺织服装、服饰业 | 2579 | 19.3 | 60.4 | 6294 | 102.7 | 163.2 |
| 皮革、毛皮、羽毛及其制品和制鞋业 | 2139 | 25.7 | 63.5 | 4946 | 81.4 | 164.6 |
| 木材加工和木、竹、藤、棕、草制品业 | 1707 | 18.9 | 67.1 | 3882 | 61.3 | 157.8 |
| 家具制造业 | 1623 | 25.1 | 57.9 | 5944 | 73.8 | 124.1 |
| 造纸和纸制品业 | 1640 | 24.9 | 63.0 | 6455 | 162.9 | 252.3 |
| 印刷和记录媒介复制业 | 1638 | 28.9 | 65.3 | 5468 | 77.3 | 141.4 |
| 文教、工美、体育和娱乐用品制造业 | 2792 | 31.9 | 67.1 | 8936 | 117.7 | 131.7 |
| 石油、煤炭及其他燃料加工业 | 508 | 25.4 | 63.7 | 3307 | 185.3 | 560.2 |

表 3—2 续表

| 行业 | 有R&D活动的工业企业数(个) | 有R&D活动的工业企业占工业企业比重(%) | 有R&D活动工业企业占有技术创新活动工业企业比重(%) | 工业企业R&D项目数(个) | 工业企业R&D项目经费内部支出(亿元) | 工业企业R&D项目平均经费内部支出(万元) |
|---|---|---|---|---|---|---|
| 化学原料和化学制品制造业 | 8925 | 41.3 | 72.7 | 42246 | 929.3 | 220.0 |
| 医药制造业 | 4197 | 56.8 | 76.3 | 32296 | 684.4 | 211.9 |
| 化学纤维制造业 | 841 | 44.7 | 74.0 | 3880 | 122.0 | 314.3 |
| 橡胶和塑料制品业 | 6434 | 33.1 | 67.0 | 25490 | 362.6 | 142.3 |
| 非金属矿物制品业 | 8276 | 22.9 | 65.7 | 26859 | 514.6 | 191.6 |
| 黑色金属冶炼和压延加工业 | 1373 | 26.9 | 70.6 | 12180 | 862.8 | 708.4 |
| 有色金属冶炼和压延加工业 | 2672 | 36.8 | 73.1 | 13567 | 486.7 | 358.8 |
| 金属制品业 | 8246 | 33.4 | 68.3 | 31787 | 452.7 | 142.4 |
| 通用设备制造业 | 11951 | 48.2 | 73.7 | 55929 | 827.4 | 147.9 |
| 专用设备制造业 | 9959 | 52.1 | 75.0 | 48759 | 774.5 | 158.8 |
| 汽车制造业 | 6615 | 42.7 | 68.6 | 38395 | 1405.1 | 366.0 |
| 铁路、船舶、航空航天和其他运输设备制造业 | 2152 | 45.7 | 73.7 | 13693 | 483.6 | 353.2 |
| 电气机械和器材制造业 | 12597 | 49.8 | 72.8 | 64676 | 1403.7 | 217.0 |
| 计算机、通信和其他电子设备制造业 | 10268 | 54.8 | 73.6 | 59290 | 2522.1 | 425.4 |
| 仪器仪表制造业 | 2966 | 60.6 | 75.4 | 16596 | 232.1 | 139.9 |
| 其他制造业 | 564 | 33.6 | 63.7 | 2406 | 42.2 | 175.6 |
| 废弃资源综合利用业 | 457 | 24.0 | 65.7 | 1497 | 28.9 | 193.3 |
| 金属制品、机械和设备修理业 | 128 | 27.7 | 64.3 | 905 | 16.9 | 187.2 |
| **电力、热力、燃气及水生产和供应业** | **1328** | **9.7** | **47.2** | **8945** | **141.5** | **158.2** |
| 电力、热力生产和供应业 | 867 | 9.6 | 47.1 | 7287 | 108.3 | 148.7 |
| 燃气生产和供应业 | 186 | 8.0 | 47.8 | 785 | 19.3 | 245.5 |
| 水的生产和供应业 | 275 | 11.4 | 47.3 | 873 | 13.9 | 159.8 |

表 3－3　2019 年分地区工业企业 R&D 活动情况

| 地　区 | 有 R&D 活动的工业企业数（个） | 有 R&D 活动的工业企业占工业企业比重（%） | 有 R&D 活动工业企业占有技术创新活动工业企业比重（%） | 工业企业 R&D 项目数（个） | 工业企业 R&D 项目经费内部支出（亿元） | 工业企业 R&D 项目平均经费内部支出（万元） |
|---|---|---|---|---|---|---|
| **全　国** | **129198** | **34.2** | **68.9** | **598072** | **14236.9** | **238.0** |
| 东部地区 | 88124 | 39.5 | 71.0 | 413041 | 9282.7 | 224.7 |
| 中部地区 | 27247 | 31.3 | 68.9 | 110716 | 2925.5 | 264.2 |
| 西部地区 | 11545 | 21.6 | 59.5 | 58976 | 1554.7 | 263.6 |
| 东北地区 | 2282 | 16.1 | 51.7 | 15339 | 474.0 | 309.0 |
| 北　京 | 1127 | 36.1 | 55.7 | 7671 | 301.6 | 393.1 |
| 天　津 | 1298 | 27.0 | 54.9 | 10825 | 201.6 | 186.3 |
| 河　北 | 2351 | 17.8 | 54.9 | 13340 | 407.2 | 305.3 |
| 山　西 | 530 | 11.1 | 43.9 | 3826 | 139.1 | 363.5 |
| 内蒙古 | 292 | 9.9 | 44.6 | 2283 | 118.5 | 518.8 |
| 辽　宁 | 1629 | 21.4 | 58.3 | 10370 | 317.8 | 306.5 |
| 吉　林 | 323 | 10.6 | 36.7 | 2049 | 83.7 | 408.6 |
| 黑龙江 | 330 | 9.3 | 44.2 | 2920 | 72.4 | 248.1 |
| 上　海 | 2349 | 26.8 | 54.6 | 13636 | 653.7 | 479.4 |
| 江　苏 | 27365 | 59.4 | 81.6 | 95240 | 2183.8 | 229.3 |
| 浙　江 | 20217 | 44.2 | 69.5 | 98501 | 1341.5 | 136.2 |
| 安　徽 | 5925 | 33.4 | 68.1 | 25799 | 585.9 | 227.1 |
| 福　建 | 5305 | 28.9 | 71.0 | 21689 | 598.8 | 276.1 |
| 江　西 | 4335 | 33.2 | 76.0 | 18645 | 333.3 | 178.8 |
| 山　东 | 7114 | 26.2 | 68.9 | 45250 | 1207.5 | 266.9 |
| 河　南 | 4458 | 22.8 | 74.6 | 23810 | 625.5 | 262.7 |
| 湖　北 | 4877 | 31.4 | 63.2 | 17424 | 594.8 | 341.4 |
| 湖　南 | 7122 | 43.0 | 69.6 | 21212 | 646.8 | 304.9 |
| 广　东 | 20922 | 37.8 | 68.4 | 106340 | 2375.8 | 223.4 |
| 广　西 | 615 | 10.0 | 42.7 | 3937 | 107.9 | 274.1 |
| 海　南 | 76 | 18.4 | 50.0 | 549 | 11.3 | 206.2 |
| 重　庆 | 2581 | 38.6 | 69.9 | 14001 | 352.9 | 252.0 |
| 四　川 | 3448 | 23.6 | 65.3 | 17461 | 374.5 | 214.5 |
| 贵　州 | 1078 | 23.0 | 54.7 | 3850 | 90.9 | 236.1 |
| 云　南 | 1243 | 28.5 | 69.2 | 6286 | 130.8 | 208.0 |
| 西　藏 | 9 | 6.1 | 25.7 | 46 | 0.6 | 132.5 |
| 陕　西 | 1250 | 17.8 | 49.2 | 6098 | 242.6 | 397.8 |
| 甘　肃 | 416 | 22.9 | 59.1 | 1705 | 44.3 | 259.9 |
| 青　海 | 99 | 17.0 | 57.2 | 451 | 10.4 | 230.2 |
| 宁　夏 | 361 | 30.2 | 69.7 | 1789 | 41.6 | 232.3 |
| 新　疆 | 153 | 4.8 | 25.9 | 1069 | 39.8 | 372.6 |

表 3—4 2019 年分行业企业创新实现情况

| 行业 | 实现创新企业所占比重(%) | 实现产品创新企业所占比重(%) | 实现工艺创新企业所占比重(%) | 实现组织创新企业所占比重(%) | 实现营销创新企业所占比重(%) | 实现技术创新的工业企业占工业企业比重(%) |
|---|---|---|---|---|---|---|
| **总 计** | **41.7** | **19.3** | **21.4** | **27.6** | **25.5** | **40.8** |
| **采矿业** | **25.8** | **4.0** | **11.9** | **18.7** | **10.8** | **12.4** |
| 煤炭开采和洗选业 | 24.1 | 2.3 | 10.3 | 17.8 | 10.1 | 10.6 |
| 石油和天然气开采业 | 44.5 | 10.1 | 33.6 | 27.7 | 7.6 | 34.5 |
| 黑色金属矿采选业 | 23.1 | 2.8 | 11.4 | 17.1 | 8.5 | 11.5 |
| 有色金属矿采选业 | 32.2 | 5.5 | 17.9 | 23.1 | 9.3 | 18.2 |
| 非金属矿采选业 | 25.2 | 5.7 | 10.7 | 17.4 | 13.4 | 11.5 |
| 开采专业及辅助性活动 | 35.2 | 8.6 | 17.2 | 28.9 | 9.0 | 18.0 |
| **制造业** | **55.0** | **33.7** | **35.8** | **33.3** | **33.1** | **42.6** |
| 农副食品加工业 | 46.7 | 19.3 | 23.0 | 28.4 | 35.6 | 27.4 |
| 食品制造业 | 58.6 | 32.3 | 32.8 | 34.9 | 46.6 | 40.6 |
| 酒、饮料和精制茶制造业 | 54.1 | 24.8 | 27.9 | 32.2 | 44.3 | 33.8 |
| 烟草制品业 | 69.2 | 43.9 | 49.5 | 40.2 | 32.7 | 62.6 |
| 纺织业 | 45.2 | 25.8 | 27.6 | 25.0 | 24.6 | 33.1 |
| 纺织服装、服饰业 | 36.2 | 17.6 | 18.6 | 20.4 | 20.1 | 23.7 |
| 皮革、毛皮、羽毛及其制品和制鞋业 | 44.5 | 26.8 | 23.0 | 21.1 | 24.6 | 32.0 |
| 木材加工和木、竹、藤、棕、草制品业 | 33.8 | 14.0 | 18.1 | 19.6 | 22.1 | 20.7 |
| 家具制造业 | 50.9 | 27.5 | 29.8 | 29.2 | 34.6 | 36.3 |
| 造纸和纸制品业 | 45.5 | 23.6 | 28.2 | 27.9 | 28.0 | 32.2 |
| 印刷和记录媒介复制业 | 49.0 | 25.5 | 31.4 | 29.8 | 28.9 | 35.5 |
| 文教、工美、体育和娱乐用品制造业 | 51.3 | 31.6 | 30.9 | 27.8 | 33.6 | 38.6 |
| 石油、煤炭及其他燃料加工业 | 46.3 | 17.7 | 27.6 | 31.8 | 26.2 | 30.9 |
| 化学原料和化学制品制造业 | 58.6 | 34.7 | 39.1 | 35.6 | 35.1 | 46.2 |
| 医药制造业 | 73.1 | 43.3 | 52.6 | 46.5 | 48.7 | 60.4 |

表 3—4　续表 1

| 行　业 | 实现创新企业所占比重（%） | 实现产品创新企业所占比重（%） | 实现工艺创新企业所占比重（%） | 实现组织创新企业所占比重（%） | 实现营销创新企业所占比重（%） | 实现技术创新的工业企业占工业企业比重（%） |
|---|---|---|---|---|---|---|
| 化学纤维制造业 | 57.1 | 36.6 | 39.9 | 30.1 | 29.2 | 46.6 |
| 橡胶和塑料制品业 | 53.6 | 32.7 | 34.6 | 31.4 | 32.0 | 41.0 |
| 非金属矿物制品业 | 40.8 | 17.9 | 22.8 | 26.0 | 23.3 | 26.2 |
| 黑色金属冶炼和压延加工业 | 41.8 | 21.0 | 26.6 | 25.3 | 22.5 | 30.0 |
| 有色金属冶炼和压延加工业 | 51.8 | 30.6 | 35.5 | 31.4 | 26.5 | 40.7 |
| 金属制品业 | 52.2 | 30.4 | 34.4 | 31.3 | 29.0 | 39.9 |
| 通用设备制造业 | 65.8 | 46.5 | 46.5 | 39.8 | 38.2 | 56.1 |
| 专用设备制造业 | 69.6 | 50.0 | 49.6 | 43.6 | 41.8 | 59.9 |
| 汽车制造业 | 63.6 | 45.0 | 45.8 | 40.2 | 32.1 | 53.9 |
| 铁路、船舶、航空航天和其他运输设备制造业 | 63.8 | 43.0 | 44.4 | 41.0 | 33.7 | 53.1 |
| 电气机械和器材制造业 | 69.3 | 50.6 | 49.8 | 42.1 | 43.2 | 59.4 |
| 计算机、通信和其他电子设备制造业 | 73.9 | 56.9 | 55.5 | 46.5 | 43.1 | 66.3 |
| 仪器仪表制造业 | 79.5 | 63.1 | 56.7 | 50.8 | 48.9 | 71.9 |
| 其他制造业 | 55.9 | 34.6 | 35.9 | 33.4 | 36.2 | 43.5 |
| 废弃资源综合利用业 | 38.8 | 14.8 | 23.2 | 24.9 | 17.2 | 26.1 |
| 金属制品、机械和设备修理业 | 45.7 | 21.0 | 30.7 | 31.6 | 17.5 | 34.0 |
| **电力、热力、燃气及水生产和供应业** | **30.4** | **2.6** | **13.0** | **22.7** | **10.3** | **13.5** |
| 电力、热力生产和供应业 | 29.4 | 2.4 | 12.9 | 21.9 | 8.7 | 13.3 |
| 燃气生产和供应业 | 35.0 | 2.6 | 11.3 | 27.5 | 17.6 | 11.8 |
| 水的生产和供应业 | 30.2 | 3.5 | 15.2 | 21.3 | 9.1 | 15.8 |

表 3—4 续表 2

| 行业 | 实现创新企业所占比重（%） | 实现产品创新企业所占比重（%） | 实现工艺创新企业所占比重（%） | 实现组织创新企业所占比重（%） | 实现营销创新企业所占比重（%） |
|---|---|---|---|---|---|
| **建筑业** | **30.8** | **7.1** | **12.1** | **26.3** | **11.8** |
| 房屋建筑业 | 29.7 | 6.5 | 11.3 | 26.0 | 10.7 |
| 土木工程建筑业 | 35.1 | 9.1 | 16.1 | 29.8 | 11.9 |
| 建筑安装业 | 30.8 | 7.9 | 11.8 | 25.9 | 12.5 |
| 建筑装饰、装修和其他建筑业 | 28.9 | 5.9 | 10.0 | 24.0 | 13.4 |
| **批发和零售业** | **28.7** | **5.1** | **6.7** | **20.1** | **21.9** |
| 批发业 | 26.2 | 4.6 | 6.4 | 19.1 | 18.0 |
| 零售业 | 32.2 | 5.8 | 7.2 | 21.6 | 27.3 |
| **交通运输、仓储和邮政业** | **22.2** | **3.3** | **6.2** | **18.0** | **10.3** |
| 铁路运输业 | 30.0 | 4.7 | 9.7 | 23.8 | 11.9 |
| 道路运输业 | 20.8 | 3.1 | 5.4 | 17.3 | 9.8 |
| 水上运输业 | 22.0 | 3.4 | 7.5 | 17.0 | 8.7 |
| 航空运输业 | 40.3 | 9.9 | 17.4 | 28.3 | 21.3 |
| 管道运输业 | 33.7 | 3.9 | 12.5 | 25.0 | 7.7 |
| 多式联运和运输代理业 | 22.4 | 3.3 | 6.3 | 18.1 | 10.3 |
| 装卸搬运和仓储业 | 22.7 | 2.9 | 7.3 | 18.0 | 9.6 |
| 邮政业 | 31.7 | 5.2 | 9.1 | 25.3 | 19.1 |
| **信息传输、软件和信息技术服务业** | **66.9** | **43.2** | **37.7** | **48.2** | **41.9** |
| 电信、广播电视和卫星传输服务 | 48.1 | 19.1 | 18.7 | 35.4 | 33.6 |
| 互联网和相关服务 | 64.3 | 37.5 | 33.4 | 46.4 | 44.4 |
| 软件和信息技术服务业 | 70.8 | 48.6 | 42.0 | 50.8 | 42.8 |
| **租赁和商务服务业** | **28.5** | **6.3** | **7.4** | **22.0** | **16.9** |
| 租赁业 | 27.2 | 6.2 | 8.5 | 21.9 | 15.1 |
| 商务服务业 | 28.5 | 6.3 | 7.3 | 22.0 | 17.1 |
| **科学研究和技术服务业** | **47.0** | **22.2** | **24.7** | **34.4** | **21.0** |
| 研究和试验发展 | 67.6 | 40.2 | 43.5 | 47.5 | 35.8 |
| 专业技术服务业 | 43.4 | 19.1 | 21.8 | 32.4 | 17.5 |
| 科技推广和应用服务业 | 51.8 | 25.5 | 27.2 | 36.0 | 28.4 |
| **水利、环境和公共设施管理业** | **34.5** | **8.0** | **11.9** | **27.0** | **18.0** |
| 水利管理业 | 32.0 | 10.0 | 16.0 | 24.0 | 9.3 |
| 生态保护和环境治理业 | 44.2 | 17.4 | 26.9 | 31.9 | 17.7 |
| 公共设施管理业 | 32.8 | 6.4 | 9.3 | 26.0 | 19.0 |
| 土地管理业 | 32.7 | 3.2 | 6.6 | 28.9 | 10.3 |

表 3—5　2019 年分地区企业创新实现情况

| 地　区 | 实现创新企业所占比重（%） | 实现产品创新企业所占比重（%） | 实现工艺创新企业所占比重（%） | 实现组织创新企业所占比重（%） | 实现营销创新企业所占比重（%） | 实现技术创新的工业企业占工业企业比重（%） |
|---|---|---|---|---|---|---|
| **全　国** | **41.7** | **19.3** | **21.4** | **27.6** | **25.5** | **40.8** |
| 东部地区 | 43.8 | 22.2 | 23.7 | 27.7 | 25.8 | 46.6 |
| 中部地区 | 40.3 | 17.0 | 20.3 | 27.9 | 26.8 | 34.7 |
| 西部地区 | 38.3 | 13.3 | 16.7 | 28.6 | 24.4 | 30.3 |
| 东北地区 | 30.4 | 10.3 | 12.5 | 21.1 | 18.9 | 25.4 |
| 北　京 | 40.3 | 17.9 | 18.0 | 25.6 | 20.8 | 56.8 |
| 天　津 | 36.6 | 14.3 | 17.7 | 24.8 | 20.0 | 43.8 |
| 河　北 | 38.5 | 14.4 | 18.0 | 26.2 | 23.9 | 29.3 |
| 山　西 | 31.4 | 8.6 | 12.2 | 22.6 | 18.7 | 21.1 |
| 内蒙古 | 30.6 | 5.9 | 10.3 | 23.1 | 17.3 | 18.1 |
| 辽　宁 | 30.8 | 11.5 | 13.9 | 20.7 | 18.3 | 29.9 |
| 吉　林 | 30.8 | 10.3 | 12.1 | 22.2 | 20.1 | 23.5 |
| 黑龙江 | 28.9 | 7.7 | 9.7 | 21.0 | 19.2 | 17.3 |
| 上　海 | 37.9 | 16.7 | 18.6 | 24.3 | 21.3 | 43.9 |
| 江　苏 | 47.7 | 24.4 | 27.7 | 28.8 | 26.0 | 53.0 |
| 浙　江 | 48.1 | 30.8 | 28.7 | 28.3 | 27.7 | 55.9 |
| 安　徽 | 45.8 | 21.6 | 24.4 | 31.5 | 31.2 | 39.8 |
| 福　建 | 38.7 | 16.0 | 18.3 | 24.8 | 23.9 | 36.0 |
| 江　西 | 41.1 | 22.4 | 23.5 | 26.4 | 26.1 | 39.8 |
| 山　东 | 40.2 | 15.7 | 18.7 | 29.2 | 26.5 | 31.7 |
| 河　南 | 36.2 | 12.7 | 15.5 | 25.7 | 24.7 | 26.2 |
| 湖　北 | 42.3 | 18.8 | 21.3 | 30.5 | 27.9 | 37.0 |
| 湖　南 | 40.9 | 14.9 | 21.7 | 27.7 | 27.6 | 37.5 |
| 广　东 | 46.0 | 25.1 | 26.2 | 28.8 | 28.3 | 48.8 |
| 广　西 | 33.1 | 9.4 | 12.8 | 23.8 | 20.5 | 19.6 |
| 海　南 | 34.6 | 8.9 | 12.4 | 25.7 | 21.6 | 28.4 |
| 重　庆 | 42.8 | 21.2 | 22.8 | 30.3 | 27.2 | 49.5 |
| 四　川 | 41.0 | 15.3 | 18.0 | 30.0 | 26.2 | 30.7 |
| 贵　州 | 39.1 | 14.1 | 17.8 | 29.6 | 24.9 | 30.9 |
| 云　南 | 40.8 | 14.6 | 19.5 | 31.6 | 27.8 | 34.4 |
| 西　藏 | 37.3 | 4.4 | 9.6 | 28.4 | 21.6 | 16.2 |
| 陕　西 | 39.9 | 12.6 | 16.6 | 30.3 | 26.2 | 29.9 |
| 甘　肃 | 35.5 | 10.0 | 14.9 | 27.5 | 22.9 | 29.3 |
| 青　海 | 37.7 | 9.1 | 13.0 | 29.2 | 22.5 | 23.1 |
| 宁　夏 | 39.5 | 14.7 | 20.8 | 28.8 | 23.3 | 36.9 |
| 新　疆 | 29.5 | 5.0 | 8.6 | 23.5 | 17.2 | 15.1 |

表 3—6　2019 年分行业企业创新合作情况

| 行　业 | 开展合作创新的企业所占比重（%） | 产学研合作企业占开展创新合作企业比重（%） | 工业企业R&D经费外部支出（亿元） | 工业企业R&D经费外部支出与营业收入之比（%） |
|---|---|---|---|---|
| **总　计** | **20.4** | **34.7** | **893.0** | **0.08** |
| **采矿业** | **11.7** | **48.1** | **27.6** | **0.06** |
| 煤炭开采和洗选业 | 10.1 | 51.4 | 9.3 | 0.04 |
| 石油和天然气开采业 | 40.3 | 83.3 | 13.9 | 0.16 |
| 黑色金属矿采选业 | 10.8 | 40.5 | 0.9 | 0.03 |
| 有色金属矿采选业 | 18.3 | 59.6 | 1.4 | 0.05 |
| 非金属矿采选业 | 10.0 | 32.4 | 0.4 | 0.01 |
| 开采专业及辅助性活动 | 18.4 | 55.3 | 1.7 | 0.07 |
| **制造业** | **33.0** | **36.5** | **828.8** | **0.09** |
| 农副食品加工业 | 22.3 | 41.0 | 4.7 | 0.01 |
| 食品制造业 | 32.4 | 44.9 | 5.8 | 0.03 |
| 酒、饮料和精制茶制造业 | 29.0 | 44.0 | 3.2 | 0.02 |
| 烟草制品业 | 63.6 | 63.2 | 4.5 | 0.04 |
| 纺织业 | 25.0 | 25.1 | 3.3 | 0.01 |
| 纺织服装、服饰业 | 17.9 | 16.7 | 1.0 | 0.01 |
| 皮革、毛皮、羽毛及其制品和制鞋业 | 23.5 | 13.2 | 2.4 | 0.02 |
| 木材加工和木、竹、藤、棕、草制品业 | 15.6 | 24.7 | 0.5 | 0.01 |
| 家具制造业 | 26.2 | 19.1 | 1.5 | 0.02 |
| 造纸和纸制品业 | 23.5 | 24.8 | 0.8 | 0.01 |
| 印刷和记录媒介复制业 | 26.7 | 25.9 | 0.8 | 0.01 |
| 文教、工美、体育和娱乐用品制造业 | 28.5 | 24.2 | 1.9 | 0.01 |
| 石油、煤炭及其他燃料加工业 | 26.2 | 48.0 | 4.8 | 0.01 |
| 化学原料和化学制品制造业 | 37.7 | 51.5 | 25.9 | 0.04 |
| 医药制造业 | 56.0 | 67.5 | 110.6 | 0.46 |
| 化学纤维制造业 | 37.7 | 41.3 | 1.5 | 0.02 |

表 3－6　续表 1

| 行　业 | 开展合作创新的企业所占比重（%） | 产学研合作企业占开展创新合作企业比重（%） | 工业企业R&D经费外部支出（亿元） | 工业企业R&D经费外部支出与营业收入之比（%） |
|---|---|---|---|---|
| 橡胶和塑料制品业 | 30.0 | 29.1 | 8.8 | 0.03 |
| 非金属矿物制品业 | 20.5 | 33.7 | 5.3 | 0.01 |
| 黑色金属冶炼和压延加工业 | 23.0 | 39.2 | 9.8 | 0.01 |
| 有色金属冶炼和压延加工业 | 31.5 | 44.1 | 5.4 | 0.01 |
| 金属制品业 | 29.5 | 30.8 | 4.9 | 0.01 |
| 通用设备制造业 | 42.0 | 37.3 | 27.3 | 0.07 |
| 专用设备制造业 | 46.3 | 43.9 | 21.4 | 0.07 |
| 汽车制造业 | 42.9 | 29.7 | 149.3 | 0.19 |
| 铁路、船舶、航空航天和其他运输设备制造业 | 43.3 | 41.1 | 86.8 | 0.61 |
| 电气机械和器材制造业 | 45.0 | 35.4 | 35.9 | 0.06 |
| 计算机、通信和其他电子设备制造业 | 51.1 | 33.4 | 284.0 | 0.25 |
| 仪器仪表制造业 | 56.4 | 46.2 | 12.6 | 0.17 |
| 其他制造业 | 32.5 | 27.5 | 3.1 | 0.16 |
| 废弃资源综合利用业 | 20.4 | 41.4 | 0.7 | 0.01 |
| 金属制品、机械和设备修理业 | 27.7 | 43.7 | 0.2 | 0.02 |
| **电力、热力、燃气及水生产和供应业** | **12.2** | **37.5** | **36.7** | **0.05** |
| 电力、热力生产和供应业 | 12.3 | 41.0 | 36.0 | 0.05 |
| 燃气生产和供应业 | 9.7 | 19.6 | 0.4 | 0.00 |
| 水的生产和供应业 | 13.9 | 37.8 | 0.2 | 0.01 |

表 3—6 续表 2

| 行　业 | 开展合作创新的企业所占比重（%） | 产学研合作企业占开展创新合作企业比重（%） |
|---|---|---|
| **建筑业** | **11.3** | **42.2** |
| 房屋建筑业 | 10.4 | 39.2 |
| 土木工程建筑业 | 15.2 | 55.7 |
| 建筑安装业 | 12.2 | 38.4 |
| 建筑装饰、装修和其他建筑业 | 8.9 | 29.7 |
| **批发和零售业** | **6.8** | **17.1** |
| 批发业 | 6.5 | 19.3 |
| 零售业 | 7.2 | 14.4 |
| **交通运输、仓储和邮政业** | **5.6** | **17.6** |
| 铁路运输业 | 10.3 | 54.6 |
| 道路运输业 | 4.8 | 17.1 |
| 水上运输业 | 7.5 | 26.8 |
| 航空运输业 | 17.1 | 29.6 |
| 管道运输业 | 14.4 | 60.0 |
| 多式联运和运输代理业 | 5.4 | 9.3 |
| 装卸搬运和仓储业 | 5.8 | 17.2 |
| 邮政业 | 8.6 | 13.1 |
| **信息传输、软件和信息技术服务业** | **43.1** | **32.1** |
| 电信、广播电视和卫星传输服务 | 22.1 | 19.3 |
| 互联网和相关服务 | 36.8 | 25.4 |
| 软件和信息技术服务业 | 48.1 | 34.3 |
| **租赁和商务服务业** | **8.0** | **22.4** |
| 租赁业 | 8.2 | 25.6 |
| 商务服务业 | 8.0 | 22.2 |
| **科学研究和技术服务业** | **27.7** | **51.5** |
| 研究和试验发展 | 52.0 | 62.5 |
| 专业技术服务业 | 24.0 | 48.8 |
| 科技推广和应用服务业 | 30.6 | 50.6 |
| **水利、环境和公共设施管理业** | **12.2** | **42.7** |
| 水利管理业 | 19.3 | 58.6 |
| 生态保护和环境治理业 | 26.5 | 57.7 |
| 公共设施管理业 | 9.5 | 33.7 |
| 土地管理业 | 7.4 | 34.6 |

表 3－7　2019 年分地区企业创新合作情况

| 地　区 | 开展合作创新的企业所占比重（%） | 产学研合作企业占开展创新合作企业比重（%） | 工业企业 R&D 经费外部支出（亿元） | 工业企业 R&D 经费外部支出与营业收入之比（%） |
|---|---|---|---|---|
| **全　国** | **20.4** | **34.7** | **893.0** | **0.08** |
| 东部地区 | 22.2 | 32.5 | 620.8 | 0.10 |
| 中部地区 | 19.5 | 39.0 | 130.5 | 0.06 |
| 西部地区 | 16.8 | 36.9 | 100.2 | 0.06 |
| 东北地区 | 12.0 | 44.5 | 41.5 | 0.07 |
| 北　京 | 18.8 | 36.5 | 29.0 | 0.13 |
| 天　津 | 15.6 | 33.5 | 15.0 | 0.08 |
| 河　北 | 15.8 | 37.5 | 17.7 | 0.04 |
| 山　西 | 12.0 | 45.7 | 9.7 | 0.05 |
| 内蒙古 | 10.4 | 40.3 | 4.4 | 0.03 |
| 辽　宁 | 12.7 | 45.2 | 14.3 | 0.05 |
| 吉　林 | 12.5 | 42.7 | 20.1 | 0.14 |
| 黑龙江 | 9.6 | 44.8 | 7.1 | 0.07 |
| 上　海 | 18.7 | 32.8 | 66.7 | 0.17 |
| 江　苏 | 25.7 | 38.5 | 96.5 | 0.08 |
| 浙　江 | 27.5 | 26.2 | 52.2 | 0.07 |
| 安　徽 | 23.3 | 46.8 | 28.3 | 0.08 |
| 福　建 | 17.7 | 29.0 | 20.3 | 0.04 |
| 江　西 | 21.2 | 33.5 | 8.6 | 0.02 |
| 山　东 | 18.3 | 41.6 | 61.3 | 0.07 |
| 河　南 | 15.0 | 36.1 | 17.3 | 0.03 |
| 湖　北 | 21.2 | 37.0 | 37.1 | 0.08 |
| 湖　南 | 21.4 | 37.8 | 29.6 | 0.08 |
| 广　东 | 23.3 | 28.7 | 259.6 | 0.18 |
| 广　西 | 12.7 | 33.7 | 7.4 | 0.04 |
| 海　南 | 13.3 | 39.6 | 2.7 | 0.12 |
| 重　庆 | 22.7 | 29.4 | 14.6 | 0.07 |
| 四　川 | 18.5 | 39.3 | 25.3 | 0.06 |
| 贵　州 | 17.7 | 36.8 | 5.8 | 0.06 |
| 云　南 | 19.0 | 35.8 | 9.1 | 0.06 |
| 西　藏 | 10.3 | 41.0 | 0.0 | 0.02 |
| 陕　西 | 16.8 | 40.2 | 24.2 | 0.09 |
| 甘　肃 | 15.7 | 41.9 | 1.6 | 0.02 |
| 青　海 | 14.2 | 45.7 | 0.4 | 0.02 |
| 宁　夏 | 20.8 | 45.4 | 1.5 | 0.03 |
| 新　疆 | 8.5 | 34.2 | 5.8 | 0.05 |

附表 2　2019 年企业创新活动情况

| 项　　目 | 开展创新活动企业占全部企业比重（%） | 开展技术创新活动企业占全部企业比重（%） |
|---|---|---|
| **总　计** | **45.2** | **31.2** |
| **一、按行业分** | | |
| 采矿业 | 30.0 | 18.3 |
| 制造业 | 61.0 | 51.7 |
| 电力、热力、燃气及水生产和供应业 | 35.1 | 20.5 |
| 建筑业 | 31.9 | 15.3 |
| 批发和零售业 | 29.0 | 9.0 |
| 交通运输、仓储和邮政业 | 23.0 | 8.4 |
| 信息传输、软件和信息技术服务业 | 75.3 | 66.9 |
| 租赁和商务服务业 | 29.8 | 12.3 |
| 科学研究和技术服务业 | 53.7 | 42.4 |
| 水利、环境和公共设施管理业 | 36.9 | 18.4 |
| **二、按地区分** | | |
| 东部地区 | 47.5 | 34.7 |
| 中部地区 | 44.6 | 29.9 |
| 西部地区 | 40.3 | 23.1 |
| 东北地区 | 32.3 | 18.2 |
| 北　京 | 44.9 | 32.0 |
| 天　津 | 38.1 | 23.8 |
| 河　北 | 39.8 | 23.9 |
| 山　西 | 32.6 | 16.4 |
| 内蒙古 | 31.8 | 14.3 |
| 辽　宁 | 33.1 | 20.1 |
| 吉　林 | 32.7 | 17.7 |
| 黑龙江 | 30.0 | 13.8 |

附表 2　续表

| 项　　目 | 开展创新活动企业占全部企业比重（%） | 开展技术创新活动企业占全部企业比重（%） |
|---|---|---|
| 上　海 | 39.7 | 26.7 |
| 江　苏 | 55.5 | 44.4 |
| 浙　江 | 51.9 | 41.8 |
| 安　徽 | 49.5 | 34.1 |
| 福　建 | 39.9 | 25.0 |
| 江　西 | 42.9 | 30.4 |
| 山　东 | 42.7 | 25.9 |
| 河　南 | 37.8 | 21.1 |
| 湖　北 | 47.4 | 32.7 |
| 湖　南 | 50.9 | 38.6 |
| 广　东 | 49.0 | 36.5 |
| 广　西 | 34.4 | 17.2 |
| 海　南 | 36.7 | 18.3 |
| 重　庆 | 45.1 | 30.7 |
| 四　川 | 42.9 | 25.1 |
| 贵　州 | 42.7 | 26.2 |
| 云　南 | 42.8 | 25.8 |
| 西　藏 | 38.3 | 14.4 |
| 陕　西 | 41.7 | 23.2 |
| 甘　肃 | 38.1 | 21.4 |
| 青　海 | 39.7 | 19.0 |
| 宁　夏 | 41.8 | 27.6 |
| 新　疆 | 30.9 | 12.2 |

附表 3　2019 年企业产学研合作形式情况

| 项　　目 | 开展产学研合作的企业数（个） | #与高等学校合作占产学研合作比重（%） | #与研究机构合作占产学研合作比重（%） | 在产学研合作企业中，以下列为主要合作形式的企业占比（%） | | | |
| --- | --- | --- | --- | --- | --- | --- | --- |
| | | | | 共同完成科研项目 | 在企业建立研发机构 | 在高校或院所中设立研发机构 | 聘用高校或院所人员到企业兼职 |
| **总　计** | **56908** | **81.5** | **45.9** | **68.1** | **25.9** | **9.7** | **30.7** |
| **一、按行业分** | | | | | | | |
| 采矿业 | 575 | 77.5 | 67.5 | 80.2 | 22.3 | 6.8 | 18.8 |
| 制造业 | 42596 | 80.8 | 45.1 | 67.5 | 25.8 | 8.8 | 30.5 |
| 电力、热力、燃气及水生产和供应业 | 626 | 70.4 | 60.8 | 76.0 | 21.4 | 5.9 | 14.1 |
| 建筑业 | 2604 | 85.7 | 46.2 | 72.0 | 31.3 | 14.8 | 33.2 |
| 批发和零售业 | 2826 | 79.1 | 52.5 | 59.8 | 28.6 | 17.5 | 34.0 |
| 交通运输、仓储和邮政业 | 389 | 76.0 | 58.6 | 65.2 | 23.7 | 13.9 | 23.7 |
| 信息传输、软件和信息技术服务业 | 3126 | 86.7 | 38.4 | 69.4 | 23.5 | 10.0 | 33.1 |
| 租赁和商务服务业 | 694 | 83.2 | 44.4 | 60.8 | 25.8 | 14.0 | 33.9 |
| 科学研究和技术服务业 | 3197 | 87.6 | 48.0 | 76.5 | 24.5 | 9.4 | 31.5 |
| 水利、环境和公共设施管理业 | 289 | 79.5 | 51.5 | 70.6 | 26.0 | 10.0 | 26.6 |
| **二、按地区分** | | | | | | | |
| 东部地区 | 34725 | 82.3 | 44.0 | 68.9 | 25.3 | 9.8 | 29.7 |
| 中部地区 | 12735 | 80.2 | 47.3 | 65.7 | 28.4 | 10.1 | 33.3 |
| 西部地区 | 7699 | 79.6 | 50.9 | 68.6 | 24.8 | 8.3 | 31.8 |
| 东北地区 | 1749 | 82.4 | 49.3 | 68.1 | 24.3 | 9.4 | 26.4 |
| 北　京 | 1938 | 81.4 | 53.1 | 79.3 | 19.1 | 10.0 | 24.5 |
| 天　津 | 821 | 85.9 | 44.3 | 78.8 | 25.3 | 6.8 | 29.4 |
| 河　北 | 1362 | 77.2 | 51.8 | 64.0 | 27.7 | 7.3 | 29.2 |
| 山　西 | 599 | 81.2 | 48.3 | 72.8 | 23.7 | 7.2 | 25.4 |
| 内蒙古 | 287 | 79.2 | 59.6 | 72.5 | 23.0 | 7.7 | 21.3 |

附表 3 续表

| 项目 | 开展产学研合作的企业数（个） | #与高等学校合作占产学研合作比重（%） | #与研究机构合作占产学研合作比重（%） | 在产学研合作企业中，以下列为主要合作形式的企业占比（%） | | | |
|---|---|---|---|---|---|---|---|
| | | | | 共同完成科研项目 | 在企业建立研发机构 | 在高校或院所中设立研发机构 | 聘用高校或院所人员到企业兼职 |
| 辽　宁 | 1047 | 84.6 | 46.2 | 68.2 | 26.6 | 9.8 | 28.2 |
| 吉　林 | 373 | 82.0 | 52.5 | 68.9 | 23.1 | 8.6 | 23.1 |
| 黑龙江 | 329 | 75.9 | 55.6 | 67.2 | 18.5 | 9.1 | 24.3 |
| 上　海 | 2018 | 84.4 | 43.2 | 75.7 | 21.2 | 10.0 | 25.8 |
| 江　苏 | 8760 | 85.0 | 39.6 | 67.6 | 28.4 | 10.6 | 31.7 |
| 浙　江 | 5876 | 80.4 | 42.0 | 65.8 | 20.4 | 8.1 | 25.3 |
| 安　徽 | 3412 | 86.7 | 41.4 | 68.5 | 30.5 | 9.9 | 36.5 |
| 福　建 | 2123 | 78.5 | 49.8 | 65.4 | 24.7 | 10.1 | 29.6 |
| 江　西 | 1621 | 74.8 | 54.0 | 61.2 | 28.1 | 9.9 | 36.2 |
| 山　东 | 4034 | 83.5 | 49.3 | 66.3 | 27.1 | 9.2 | 33.8 |
| 河　南 | 2163 | 78.6 | 50.9 | 62.7 | 28.4 | 11.6 | 31.5 |
| 湖　北 | 2403 | 83.0 | 42.8 | 66.7 | 28.0 | 11.4 | 30.5 |
| 湖　南 | 2539 | 73.4 | 52.2 | 64.9 | 27.0 | 8.6 | 33.2 |
| 广　东 | 7697 | 81.7 | 42.6 | 70.4 | 27.1 | 11.3 | 31.2 |
| 广　西 | 564 | 79.1 | 52.3 | 72.0 | 25.9 | 9.0 | 30.5 |
| 海　南 | 95 | 68.4 | 66.3 | 64.2 | 20.0 | 9.5 | 20.0 |
| 重　庆 | 1074 | 81.0 | 49.0 | 66.1 | 21.1 | 7.7 | 34.6 |
| 四　川 | 2212 | 81.7 | 46.0 | 69.3 | 23.4 | 7.6 | 32.5 |
| 贵　州 | 690 | 73.8 | 55.2 | 63.2 | 27.5 | 8.7 | 29.7 |
| 云　南 | 713 | 75.8 | 57.5 | 66.1 | 30.9 | 8.7 | 34.2 |
| 西　藏 | 25 | 80.1 | 64.0 | 68.0 | 20.0 | 4.0 | 56.0 |
| 陕　西 | 1222 | 82.0 | 47.8 | 68.9 | 23.0 | 8.7 | 31.9 |
| 甘　肃 | 327 | 80.4 | 56.2 | 70.9 | 25.7 | 9.2 | 30.0 |
| 青　海 | 101 | 70.3 | 63.4 | 75.2 | 24.8 | 10.9 | 23.8 |
| 宁　夏 | 230 | 78.2 | 51.7 | 67.8 | 31.7 | 8.3 | 34.8 |
| 新　疆 | 254 | 76.8 | 60.7 | 76.4 | 28.7 | 9.1 | 26.0 |

# 4. 企业创新产出情况

表 4—1　2019 年分登记注册类型工业企业创新专利产出

| 登记注册类型 | 工业企业专利申请数（件） | 工业企业发明专利申请数（件） | 发明专利占工业企业专利申请数比重（%） | 工业企业有效发明专利数（件） | 每百家工业企业拥有有效发明专利数（件） |
|---|---|---|---|---|---|
| **合　计** | **1059808** | **398802** | **37.6** | **1218074** | **322.5** |
| # 国有及国有控股 | 186220 | 94356 | 50.7 | 282263 | 1365.9 |
| **内资企业** | **912864** | **343664** | **37.6** | **1028567** | **307.8** |
| 国有企业 | 11750 | 6391 | 54.4 | 14497 | 982.8 |
| 集体企业 | 352 | 108 | 30.7 | 320 | 28.8 |
| 股份合作企业 | 673 | 155 | 23.0 | 739 | 101.0 |
| 联营企业 | 30 | 6 | 20.0 | 33 | 56.9 |
| 有限责任公司 | 302457 | 140515 | 46.5 | 394039 | 520.9 |
| 股份有限公司 | 150246 | 68666 | 45.7 | 226204 | 1947.0 |
| 私营企业 | 447064 | 127651 | 28.6 | 392406 | 161.2 |
| 其他企业 | 292 | 172 | 58.9 | 329 | 967.6 |
| **港、澳、台商投资企业** | **70919** | **25564** | **36.0** | **93651** | **467.6** |
| **外商投资企业** | **76025** | **29574** | **38.9** | **95856** | **407.2** |

**表 4—2　2019 年分行业工业企业创新专利产出**

| 行　业 | 工业企业专利申请数（件） | 工业企业发明专利申请数（件） | 发明专利占工业企业专利申请数比重（%） | 工业企业有效发明专利数（件） | 每百家工业企业拥有有效发明专利数（件） |
|---|---|---|---|---|---|
| **合　计** | **1059808** | **398802** | **37.6** | **1218074** | **322.5** |
| **采矿业** | **11700** | **4369** | **37.3** | **14401** | **141.1** |
| 煤炭开采和洗选业 | 3547 | 926 | 26.1 | 3442 | 81.0 |
| 石油和天然气开采业 | 4069 | 1884 | 46.3 | 3806 | 3198.3 |
| 黑色金属矿采选业 | 705 | 326 | 46.2 | 1359 | 116.9 |
| 有色金属矿采选业 | 1030 | 288 | 28.0 | 994 | 80.7 |
| 非金属矿采选业 | 702 | 181 | 25.8 | 781 | 24.6 |
| 开采辅助活动 | 1644 | 761 | 46.3 | 3996 | 1560.9 |
| **制造业** | **1018994** | **380514** | **37.3** | **1174993** | **332.1** |
| 农副食品加工业 | 11441 | 3710 | 32.4 | 10805 | 50.7 |
| 食品制造业 | 9989 | 3647 | 36.5 | 12303 | 153.2 |
| 酒、饮料和精制茶制造业 | 4834 | 1345 | 27.8 | 4428 | 78.1 |
| 烟草制品业 | 4940 | 1887 | 38.2 | 4454 | 4162.6 |
| 纺织业 | 16410 | 4480 | 27.3 | 11897 | 66.0 |
| 纺织服装、服饰业 | 6814 | 1536 | 22.5 | 4462 | 33.4 |
| 皮革、毛皮、羽毛及其制品和制鞋业 | 5239 | 962 | 18.4 | 2556 | 30.7 |
| 木材加工和木、竹、藤、棕、草制品业 | 4388 | 1144 | 26.1 | 3236 | 35.9 |
| 家具制造业 | 11928 | 1738 | 14.6 | 7178 | 110.9 |
| 造纸和纸制品业 | 8002 | 1880 | 23.5 | 6608 | 100.5 |
| 印刷和记录媒介复制业 | 7392 | 1780 | 24.1 | 6462 | 113.9 |
| 文教、工美、体育和娱乐用品制造业 | 15983 | 2611 | 16.3 | 10041 | 114.6 |
| 石油、煤炭及其他燃料加工业 | 3277 | 1187 | 36.2 | 5096 | 254.9 |

表4—2 续表

| 行业 | 工业企业专利申请数（件） | 工业企业发明专利申请数（件） | 发明专利占工业企业专利申请数比重（%） | 工业企业有效发明专利数（件） | 每百家工业企业拥有有效发明专利数（件） |
|---|---|---|---|---|---|
| 化学原料和化学制品制造业 | 43817 | 19338 | 44.1 | 65333 | 302.5 |
| 医药制造业 | 23400 | 11883 | 50.8 | 47910 | 648.2 |
| 化学纤维制造业 | 3290 | 1095 | 33.3 | 4067 | 216.1 |
| 橡胶和塑料制品业 | 34308 | 8857 | 25.8 | 33206 | 171.1 |
| 非金属矿物制品业 | 35527 | 10147 | 28.6 | 31743 | 87.8 |
| 黑色金属冶炼和压延加工业 | 17474 | 6912 | 39.6 | 18331 | 358.5 |
| 有色金属冶炼和压延加工业 | 15599 | 5239 | 33.6 | 18271 | 251.9 |
| 金属制品业 | 46181 | 11308 | 24.5 | 43567 | 176.5 |
| 通用设备制造业 | 95039 | 28030 | 29.5 | 91608 | 369.6 |
| 专用设备制造业 | 94361 | 31043 | 32.9 | 107509 | 562.6 |
| 汽车制造业 | 70247 | 19955 | 28.4 | 62403 | 402.9 |
| 铁路、船舶、航空航天和其他运输设备制造业 | 28547 | 12718 | 44.6 | 38628 | 821.2 |
| 电气机械和器材制造业 | 157224 | 51867 | 33.0 | 143142 | 566.5 |
| 计算机、通信和其他电子设备制造业 | 204836 | 120512 | 58.8 | 340117 | 1816.7 |
| 仪器仪表制造业 | 30626 | 11051 | 36.1 | 31435 | 642.4 |
| 其他制造业 | 4400 | 1511 | 34.3 | 5088 | 302.7 |
| 废弃资源综合利用业 | 2156 | 687 | 31.9 | 1569 | 82.3 |
| 金属制品、机械和设备修理业 | 1325 | 454 | 34.3 | 1540 | 333.3 |
| **电力、热力、燃气及水生产和供应业** | **29114** | **13919** | **47.8** | **28680** | **208.9** |
| 电力、热力生产和供应业 | 27165 | 13313 | 49.0 | 27078 | 301.0 |
| 燃气生产和供应业 | 814 | 231 | 28.4 | 532 | 23.0 |
| 水的生产和供应业 | 1135 | 375 | 33.0 | 1070 | 44.2 |

表 4－3　2019 年分地区工业企业创新专利产出

| 地　区 | 工业企业专利申请数（件） | 工业企业发明专利申请数（件） | 发明专利占工业企业专利申请数比重（%） | 工业企业有效发明专利数（件） | 每百家工业企业拥有有效发明专利数（件） |
|---|---|---|---|---|---|
| **全　国** | **1059808** | **398802** | **37.63** | **1218074** | **322.5** |
| 东部地区 | 753199 | 282794 | 37.55 | 880801 | 395.1 |
| 中部地区 | 185980 | 69742 | 37.50 | 184632 | 211.8 |
| 西部地区 | 96141 | 36825 | 38.30 | 118708 | 222.2 |
| 东北地区 | 24488 | 9441 | 38.55 | 33933 | 239.3 |
| 北　京 | 22552 | 11543 | 51.18 | 48656 | 1560.0 |
| 天　津 | 15634 | 4676 | 29.91 | 20856 | 433.5 |
| 河　北 | 21570 | 8431 | 39.09 | 21487 | 163.0 |
| 山　西 | 6201 | 2543 | 41.01 | 8619 | 179.8 |
| 内蒙古 | 5064 | 2050 | 40.48 | 5491 | 185.3 |
| 辽　宁 | 13783 | 4995 | 36.24 | 22848 | 300.6 |
| 吉　林 | 6256 | 2386 | 38.14 | 4853 | 159.5 |
| 黑龙江 | 4449 | 2060 | 46.30 | 6232 | 176.2 |
| 上　海 | 35326 | 15239 | 43.14 | 53559 | 610.6 |
| 江　苏 | 175906 | 57429 | 32.65 | 180893 | 392.5 |
| 浙　江 | 114326 | 30914 | 27.04 | 75770 | 165.8 |
| 安　徽 | 55520 | 22975 | 41.38 | 54798 | 308.8 |
| 福　建 | 37196 | 11025 | 29.64 | 34668 | 188.8 |
| 江　西 | 27813 | 5768 | 20.74 | 13328 | 102.2 |
| 山　东 | 57339 | 21948 | 38.28 | 67896 | 250.3 |
| 河　南 | 30397 | 8734 | 28.73 | 30245 | 155.0 |
| 湖　北 | 35149 | 16366 | 46.56 | 38000 | 244.8 |
| 湖　南 | 30900 | 13356 | 43.22 | 39642 | 239.3 |
| 广　东 | 272616 | 121320 | 44.50 | 375515 | 678.1 |
| 广　西 | 6373 | 2634 | 41.33 | 8176 | 132.4 |
| 海　南 | 734 | 269 | 36.65 | 1501 | 364.3 |
| 重　庆 | 16650 | 5565 | 33.42 | 18281 | 273.2 |
| 四　川 | 29678 | 11250 | 37.91 | 39658 | 271.6 |
| 贵　州 | 6919 | 2985 | 43.14 | 7740 | 165.2 |
| 云　南 | 7611 | 2665 | 35.02 | 10131 | 232.0 |
| 西　藏 | 51 | 32 | 62.75 | 156 | 105.4 |
| 陕　西 | 12797 | 5593 | 43.71 | 18774 | 267.4 |
| 甘　肃 | 3393 | 1292 | 38.08 | 3413 | 187.8 |
| 青　海 | 1088 | 438 | 40.26 | 760 | 130.1 |
| 宁　夏 | 2885 | 1087 | 37.68 | 2777 | 232.2 |
| 新　疆 | 3632 | 1234 | 33.98 | 3351 | 105.9 |

表 4—4　2019 年分登记注册类型工业企业商标和标准

| 登记注册类型 | 工业企业形成国家或行业标准数（项） | 每万家工业企业形成国家或行业标准数（项） | 工业企业拥有注册商标数（件） | 每百家工业企业拥有注册商标数（件） |
|---|---|---|---|---|
| **合　计** | **26932** | **713.0** | **823113** | **217.9** |
| #国有及国有控股 | 6236 | 3017.7 | 124752 | 603.7 |
| **内资企业** | **22238** | **665.5** | **687180** | **205.6** |
| 国有企业 | 391 | 2650.8 | 5858 | 397.2 |
| 集体企业 | 8 | 71.9 | 218 | 19.6 |
| 股份合作企业 | 24 | 327.9 | 1220 | 166.7 |
| 联营企业 | | | 61 | 105.2 |
| 有限责任公司 | 7367 | 974.0 | 184908 | 244.5 |
| 股份有限公司 | 5823 | 5012.1 | 212088 | 1825.5 |
| 私营企业 | 8533 | 350.4 | 282644 | 116.1 |
| 其他企业 | 92 | | 183 | 538.2 |
| **港、澳、台商投资企业** | **3425** | **1710.3** | **71431** | **356.7** |
| **外商投资企业** | **1269** | **539.1** | **64502** | **274.0** |

表 4－5　2019 年分行业工业企业商标和标准

| 行　业 | 工业企业形成国家或行业标准数（项） | 每万家工业企业形成国家或行业标准数（项） | 工业企业拥有注册商标数（件） | 每百家工业企业拥有注册商标数（件） |
|---|---|---|---|---|
| **合　计** | **26932** | **713.0** | **823113** | **217.9** |
| **采矿业** | **331** | **324.4** | **1312** | **12.9** |
| 煤炭开采和洗选业 | 30 | 70.6 | 642 | 15.1 |
| 石油和天然气开采业 | 88 | 7395.0 | 20 | 16.8 |
| 黑色金属矿采选业 | 37 | 318.1 | 30 | 2.6 |
| 有色金属矿采选业 | 9 | 73.1 | 216 | 17.5 |
| 非金属矿采选业 | 14 | 44.1 | 276 | 8.7 |
| 开采专业及辅助性活动 | 153 | 5976.6 | 128 | 50.0 |
| **制造业** | **26241** | **741.7** | **818931** | **231.5** |
| 农副食品加工业 | 401 | 188.2 | 22659 | 106.4 |
| 食品制造业 | 351 | 437.1 | 53309 | 663.9 |
| 酒、饮料和精制茶制造业 | 237 | 418.0 | 46932 | 827.7 |
| 烟草制品业 | 80 | 7476.6 | 15904 | 14863.6 |
| 纺织业 | 563 | 312.5 | 12938 | 71.8 |
| 纺织服装、服饰业 | 274 | 205.2 | 21369 | 160.0 |
| 皮革、毛皮、羽毛及其制品和制鞋业 | 178 | 214.0 | 10286 | 123.7 |
| 木材加工和木、竹、藤、棕、草制品业 | 147 | 163.1 | 3937 | 43.7 |
| 家具制造业 | 118 | 182.3 | 10849 | 167.6 |
| 造纸和纸制品业 | 132 | 200.7 | 7259 | 110.4 |
| 印刷和记录媒介复制业 | 137 | 241.6 | 3315 | 58.5 |
| 文教、工美、体育和娱乐用品制造业 | 299 | 341.2 | 19490 | 222.4 |

表 4—5　续表

| 行　业 | 工业企业形成国家或行业标准数（项） | 每万家工业企业形成国家或行业标准数（项） | 工业企业拥有注册商标数（件） | 每百家工业企业拥有注册商标数（件） |
|---|---|---|---|---|
| 石油、煤炭及其他燃料加工业 | 94 | 470.2 | 2396 | 119.9 |
| 化学原料和化学制品制造业 | 2793 | 1293.3 | 82444 | 381.8 |
| 医药制造业 | 1800 | 2435.4 | 102047 | 1380.7 |
| 化学纤维制造业 | 209 | 1110.5 | 2182 | 115.9 |
| 橡胶和塑料制品业 | 865 | 445.6 | 18804 | 96.9 |
| 非金属矿物制品业 | 1143 | 316.2 | 19087 | 52.8 |
| 黑色金属冶炼和压延加工业 | 363 | 710.0 | 2893 | 56.6 |
| 有色金属冶炼和压延加工业 | 906 | 1249.1 | 6624 | 91.3 |
| 金属制品业 | 1254 | 508.1 | 22484 | 91.1 |
| 通用设备制造业 | 2156 | 869.9 | 39194 | 158.1 |
| 专用设备制造业 | 1754 | 917.8 | 45194 | 236.5 |
| 汽车制造业 | 983 | 634.6 | 46913 | 302.9 |
| 铁路、船舶、航空航天和其他运输设备制造业 | 1186 | 2521.3 | 9343 | 198.6 |
| 电气机械和器材制造业 | 4892 | 1935.9 | 83859 | 331.9 |
| 计算机、通信和其他电子设备制造业 | 1697 | 906.4 | 88475 | 472.6 |
| 仪器仪表制造业 | 1038 | 2121.4 | 15492 | 316.6 |
| 其他制造业 | 72 | 428.3 | 2839 | 168.9 |
| 废弃资源综合利用业 | 84 | 440.5 | 303 | 15.9 |
| 金属制品、机械和设备修理业 | 35 | 757.6 | 111 | 24.0 |
| **电力、热力、燃气及水生产和供应业** | **360** | **262.2** | **2870** | **20.9** |
| 电力、热力生产和供应业 | 306 | 340.2 | 2220 | 24.7 |
| 燃气生产和供应业 | 20 | 86.4 | 240 | 10.4 |
| 水的生产和供应业 | 34 | 140.4 | 410 | 16.9 |

表 4—6　2019 年分地区工业企业商标和标准

| 地　　区 | 工业企业形成国家或行业标准数（项） | 每万家工业企业形成国家或行业标准数（项） | 工业企业拥有注册商标数（件） | 每百家工业企业拥有注册商标数（件） |
|---|---|---|---|---|
| **全　　国** | **26932** | **713.0** | **823113** | **217.9** |
| 东部地区 | 18133 | 813.3 | 588355 | 263.9 |
| 中部地区 | 4613 | 529.1 | 102454 | 117.5 |
| 西部地区 | 3273 | 612.8 | 109068 | 204.2 |
| 东北地区 | 913 | 643.9 | 23236 | 163.9 |
| 北　　京 | 592 | 1898.0 | 34870 | 1118.0 |
| 天　　津 | 345 | 717.1 | 11590 | 240.9 |
| 河　　北 | 761 | 577.4 | 20802 | 157.8 |
| 山　　西 | 188 | 392.2 | 4782 | 99.8 |
| 内 蒙 古 | 299 | 1008.8 | 11710 | 395.1 |
| 辽　　宁 | 586 | 771.0 | 8735 | 114.9 |
| 吉　　林 | 166 | 545.7 | 8581 | 282.1 |
| 黑 龙 江 | 161 | 455.3 | 5920 | 167.4 |
| 上　　海 | 812 | 925.7 | 28406 | 323.8 |
| 江　　苏 | 3529 | 765.8 | 82150 | 178.3 |
| 浙　　江 | 3671 | 803.4 | 95473 | 208.9 |
| 安　　徽 | 1313 | 739.8 | 24526 | 138.2 |
| 福　　建 | 813 | 442.7 | 35614 | 193.9 |
| 江　　西 | 410 | 314.3 | 12140 | 93.1 |
| 山　　东 | 2436 | 897.9 | 54900 | 202.4 |
| 河　　南 | 822 | 421.3 | 21783 | 111.6 |
| 湖　　北 | 767 | 494.2 | 17601 | 113.4 |
| 湖　　南 | 1113 | 671.9 | 21622 | 130.5 |
| 广　　东 | 5149 | 929.8 | 221769 | 400.4 |
| 广　　西 | 275 | 445.3 | 6919 | 112.0 |
| 海　　南 | 25 | 606.8 | 2781 | 675.0 |
| 重　　庆 | 307 | 458.8 | 16745 | 250.3 |
| 四　　川 | 846 | 579.4 | 37348 | 255.8 |
| 贵　　州 | 174 | 371.3 | 5208 | 111.1 |
| 云　　南 | 317 | 726.1 | 11689 | 267.7 |
| 西　　藏 | 3 | 202.7 | 177 | 119.6 |
| 陕　　西 | 727 | 1035.3 | 11988 | 170.7 |
| 甘　　肃 | 132 | 726.5 | 1746 | 96.1 |
| 青　　海 | 27 | 462.3 | 812 | 139.0 |
| 宁　　夏 | 63 | 526.8 | 2495 | 208.6 |
| 新　　疆 | 103 | 325.6 | 2231 | 70.5 |

# 5. 企业创新成效情况

**表 5—1　2019 年分行业企业新产品销售情况**

| 行　　业 | 企业新产品销售收入（亿元） | 企业新产品销售收入占营业收入比重（%） | 工业企业新产品出口收入（亿元） | 工业企业新产品出口占新产品销售收入比重（%） |
|---|---|---|---|---|
| **合　计** | **355925.5** | **16.2** | **39269.3** | **18.5** |
| **采矿业** | **1296.4** | **3.0** | **157.9** | **12.2** |
| 煤炭开采和洗选业 | 558.7 | 2.5 | 148.6 | 26.6 |
| 石油和天然气开采业 | 225.7 | 2.6 | | |
| 黑色金属矿采选业 | 83.5 | 2.3 | | |
| 有色金属矿采选业 | 206.7 | 7.5 | 0.5 | 0.2 |
| 非金属矿采选业 | 144.1 | 4.0 | 3.5 | 2.4 |
| 开采专业及辅助性活动 | 77.6 | 3.2 | 5.3 | 6.8 |
| **制造业** | **209693.2** | **22.2** | **39108.0** | **18.7** |
| 农副食品加工业 | 3203.0 | 6.8 | 187.1 | 5.8 |
| 食品制造业 | 1807.3 | 9.3 | 168.5 | 9.3 |
| 酒、饮料和精制茶制造业 | 1372.7 | 8.9 | 42.8 | 3.1 |
| 烟草制品业 | 908.6 | 8.2 | 16.8 | 1.9 |
| 纺织业 | 3749.0 | 15.2 | 822.8 | 21.9 |
| 纺织服装、服饰业 | 1674.9 | 10.7 | 450.6 | 26.9 |
| 皮革、毛皮、羽毛及其制品和制鞋业 | 1109.2 | 9.4 | 297.5 | 26.8 |
| 木材加工和木、竹、藤、棕、草制品业 | 679.9 | 7.7 | 109.6 | 16.1 |
| 家具制造业 | 1276.9 | 17.4 | 398.1 | 31.2 |
| 造纸和纸制品业 | 2951.3 | 22.1 | 184.6 | 6.3 |
| 印刷和记录媒介复制业 | 1210.4 | 17.8 | 160.3 | 13.2 |
| 文教、工美、体育和娱乐用品制造业 | 1617.4 | 12.5 | 608.9 | 37.6 |
| 石油、煤炭及其他燃料加工业 | 3188.0 | 6.6 | 299.4 | 9.4 |

表5—1　续表1

| 行　业 | 企业新产品销售收入（亿元） | 企业新产品销售收入占营业收入比重（%） | 工业企业新产品出口收入（亿元） | 工业企业新产品出口占新产品销售收入比重（%） |
|---|---|---|---|---|
| 化学原料和化学制品制造业 | 11838.5 | 17.9 | 1137.1 | 9.6 |
| 医药制造业 | 6673.5 | 27.9 | 553.8 | 8.3 |
| 化学纤维制造业 | 2841.2 | 31.0 | 243.4 | 8.6 |
| 橡胶和塑料制品业 | 5526.5 | 21.5 | 1068.1 | 19.3 |
| 非金属矿物制品业 | 6174.0 | 11.0 | 573.9 | 9.3 |
| 黑色金属冶炼和压延加工业 | 10563.6 | 14.9 | 781.1 | 7.4 |
| 有色金属冶炼和压延加工业 | 7952.0 | 14.8 | 492.2 | 6.2 |
| 金属制品业 | 6278.5 | 17.3 | 1049.2 | 16.7 |
| 通用设备制造业 | 11711.3 | 29.7 | 1695.3 | 14.5 |
| 专用设备制造业 | 8960.0 | 29.6 | 1186.3 | 13.2 |
| 汽车制造业 | 27872.1 | 34.7 | 1276.0 | 4.6 |
| 铁路、船舶、航空航天和其他运输设备制造业 | 6559.5 | 46.5 | 1355.0 | 20.7 |
| 电气机械和器材制造业 | 24304.0 | 37.4 | 5176.3 | 21.3 |
| 计算机、通信和其他电子设备制造业 | 44151.0 | 39.5 | 18193.6 | 41.2 |
| 仪器仪表制造业 | 2399.3 | 31.6 | 369.6 | 15.4 |
| 其他制造业 | 354.1 | 18.3 | 78.7 | 22.2 |
| 废弃资源综合利用业 | 460.6 | 9.2 | 32.7 | 7.1 |
| 金属制品、机械和设备修理业 | 325.2 | 22.5 | 98.4 | 30.3 |
| **电力、热力、燃气及水生产和供应业** | **1070.7** | **1.3** | **3.4** | **0.3** |
| 电力、热力生产和供应业 | 425.8 | 0.6 | 3.2 | 0.8 |
| 燃气生产和供应业 | 565.6 | 6.0 | | |
| 水的生产和供应业 | 79.3 | 2.5 | 0.2 | 0.2 |

表 5—1　续表 2

| 行　　业 | 企业新产品销售收入（亿元） | 企业新产品销售收入占营业收入比重（%） |
|---|---|---|
| **建筑业** | **53209.1** | **25.7** |
| 房屋建筑业 | 30138.9 | 24.9 |
| 土木工程建筑业 | 18950.4 | 30.2 |
| 建筑安装业 | 1868.1 | 16.0 |
| 建筑装饰、装修和其他建筑业 | 2251.7 | 20.1 |
| **批发和零售业** | **41047.9** | **5.8** |
| 批发业 | 32523.4 | 5.5 |
| 零售业 | 8524.4 | 7.2 |
| **交通运输、仓储和邮政业** | **6458.0** | **8.7** |
| 铁路运输业 | 982.9 | 7.3 |
| 道路运输业 | 2775.6 | 11.8 |
| 水上运输业 | 434.5 | 8.3 |
| 航空运输业 | 543.7 | 6.9 |
| 管道运输业 | 241.8 | 18.7 |
| 多式联运和运输代理业 | 575.3 | 5.3 |
| 装卸搬运和仓储业 | 165.4 | 3.2 |
| 邮政业 | 738.7 | 11.6 |
| **信息传输、软件和信息技术服务业** | **25635.5** | **40.4** |
| 电信、广播电视和卫星传输服务 | 3847.7 | 22.2 |
| 互联网和相关服务 | 10020.2 | 57.2 |
| 软件和信息技术服务业 | 11767.6 | 41.1 |
| **租赁和商务服务业** | **6951.3** | **14.7** |
| 租赁业 | 228.9 | 15.2 |
| 商务服务业 | 6722.3 | 14.7 |
| **科学研究和技术服务业** | **10065.9** | **35.8** |
| 研究和试验发展 | 1059.0 | 41.9 |
| 专业技术服务业 | 8038.4 | 36.2 |
| 科技推广和应用服务业 | 968.5 | 28.5 |
| **水利、环境和公共设施管理业** | **497.6** | **8.6** |
| 水利管理业 | 12.5 | 5.4 |
| 生态保护和环境治理业 | 162.8 | 22.4 |
| 公共设施管理业 | 248.5 | 8.7 |
| 土地管理业 | 73.8 | 3.7 |

表 5－2　2019 年分地区企业新产品销售情况

| 地　　区 | 企业新产品销售收入（亿元） | 企业新产品销售收入占营业收入比重（%） | 工业企业新产品销售收入（亿元） | 工业企业新产品销售收入占营业收入比重（%） | 工业企业新产品出口收入（亿元） | 工业企业新产品出口占新产品销售收入比重（%） |
|---|---|---|---|---|---|---|
| **全　　国** | **355925.5** | **16.2** | **212060.3** | **19.9** | **39269.3** | **18.5** |
| 东部地区 | 246371.3 | 17.6 | 144226.8 | 23.7 | 31341.5 | 21.7 |
| 中部地区 | 65374.7 | 17.6 | 42617.3 | 18.8 | 5481.9 | 12.9 |
| 西部地区 | 34989.3 | 10.3 | 17571.3 | 9.9 | 1904.4 | 10.8 |
| 东北地区 | 9190.2 | 9.7 | 7644.8 | 13.8 | 541.6 | 7.1 |
| 北　　京 | 22928.3 | 16.4 | 5220.2 | 22.8 | 706.7 | 13.5 |
| 天　　津 | 8326.2 | 14.3 | 3846.6 | 20.3 | 601.2 | 15.6 |
| 河　　北 | 9486.3 | 15.1 | 6484.7 | 15.8 | 599.0 | 9.2 |
| 山　　西 | 5188.0 | 13.6 | 1989.3 | 9.3 | 395.7 | 19.9 |
| 内 蒙 古 | 1501.6 | 6.2 | 1127.4 | 6.6 | 64.8 | 5.7 |
| 辽　　宁 | 5333.2 | 9.4 | 4283.6 | 13.7 | 426.7 | 10.0 |
| 吉　　林 | 2850.7 | 14.6 | 2627.6 | 18.8 | 87.2 | 3.3 |
| 黑 龙 江 | 1006.3 | 5.5 | 733.6 | 7.1 | 27.7 | 3.8 |
| 上　　海 | 28944.4 | 15.2 | 10140.9 | 25.4 | 1411.5 | 13.9 |
| 江　　苏 | 41599.9 | 18.5 | 30101.9 | 25.4 | 7956.0 | 26.4 |
| 浙　　江 | 39937.6 | 22.0 | 26099.4 | 34.3 | 5142.1 | 19.7 |
| 安　　徽 | 12064.4 | 20.3 | 9698.6 | 26.0 | 1062.7 | 11.0 |
| 福　　建 | 9925.2 | 9.3 | 5789.3 | 10.1 | 1419.3 | 24.5 |
| 江　　西 | 8173.7 | 16.4 | 6328.2 | 18.1 | 808.9 | 12.8 |
| 山　　东 | 19700.0 | 14.1 | 13480.1 | 16.2 | 1657.5 | 12.3 |
| 河　　南 | 11115.4 | 14.0 | 6788.4 | 13.7 | 2133.0 | 31.4 |
| 湖　　北 | 16869.8 | 20.0 | 9707.7 | 21.4 | 573.7 | 5.9 |
| 湖　　南 | 11963.5 | 19.7 | 8105.4 | 21.5 | 507.8 | 6.3 |
| 广　　东 | 65095.2 | 22.7 | 42970.1 | 29.2 | 11846.1 | 27.6 |
| 广　　西 | 3362.0 | 10.2 | 1838.2 | 10.6 | 133.7 | 7.3 |
| 海　　南 | 428.1 | 6.3 | 93.5 | 4.0 | 2.0 | 2.1 |
| 重　　庆 | 6563.2 | 15.2 | 4365.4 | 20.4 | 892.4 | 20.4 |
| 四　　川 | 7714.0 | 9.7 | 4211.8 | 9.5 | 414.9 | 9.9 |
| 贵　　州 | 2758.4 | 13.4 | 818.8 | 8.4 | 41.7 | 5.1 |
| 云　　南 | 4279.2 | 13.5 | 939.5 | 6.4 | 38.2 | 4.1 |
| 西　　藏 | 57.8 | 4.8 | 23.0 | 7.8 | | |
| 陕　　西 | 5567.2 | 10.8 | 2566.0 | 9.7 | 172.1 | 6.7 |
| 甘　　肃 | 932.2 | 5.8 | 552.7 | 7.4 | 64.8 | 11.7 |
| 青　　海 | 688.2 | 14.9 | 123.4 | 5.1 | 1.6 | 1.3 |
| 宁　　夏 | 521.8 | 7.1 | 447.7 | 9.1 | 20.5 | 4.6 |
| 新　　疆 | 1043.7 | 4.0 | 557.1 | 4.8 | 59.5 | 10.7 |

**表 5—3　2019 年分登记注册类型工业企业新产品销售情况**

| 登记注册类型 | 工业企业新产品销售收入（亿元） | 工业企业新产品销售收入占营业收入比重（%） | 工业企业新产品出口收入（亿元） | 工业企业新产品出口占新产品销售收入比重（%） |
|---|---|---|---|---|
| **合　计** | **212060.3** | **19.9** | **39269.3** | **18.5** |
| # 国有及国有控股 | 49837.3 | 17.4 | 4403.1 | 8.8 |
| **内资企业** | **155771.5** | **18.7** | **21776.1** | **14.0** |
| 国有企业 | 1470.9 | 7.2 | 20.3 | 1.4 |
| 集体企业 | 47.5 | 3.0 | 1.2 | 2.6 |
| 股份合作企业 | 83.1 | 12.4 | 6.5 | 7.9 |
| 联营企业 | 1.9 | 2.5 | 0.2 | 10.7 |
| 有限责任公司 | 59169.0 | 17.6 | 7851.7 | 13.3 |
| 股份有限公司 | 30793.9 | 27.4 | 4505.0 | 14.6 |
| 私营企业 | 63979.2 | 17.7 | 9336.9 | 14.6 |
| 其他企业 | 226.1 | 77.2 | 54.3 | 24.0 |
| **港、澳、台商投资企业** | **25217.8** | **27.3** | **9735.5** | **38.6** |
| **外商投资企业** | **31071.0** | **21.9** | **7757.7** | **25.0** |

**表 5—4　2019 年分行业企业产品新颖度情况**

| 行　业 | 市场新的产品销售收入占营业收入比重（%） | 有市场新产品的企业占有产品创新的企业比重（%） | #有国际市场新产品的企业占有产品创新的工业企业比重 |
|---|---|---|---|
| **总　计** | **6.6** | **63.0** | |
| **采矿业** | **1.1** | **45.9** | **4.6** |
| 煤炭开采和洗选业 | 1.4 | 33.3 | 4.2 |
| 石油和天然气开采业 | 0.4 | 66.7 | 8.3 |
| 黑色金属矿采选业 | 0.3 | 34.4 | |
| 有色金属矿采选业 | 2.0 | 50.0 | 5.9 |
| 非金属矿采选业 | 1.3 | 49.5 | 3.8 |
| 开采专业及辅助性活动 | 1.0 | 63.6 | 13.6 |
| **制造业** | **10.5** | **62.5** | **21.2** |
| 农副食品加工业 | 1.9 | 49.8 | 9.3 |
| 食品制造业 | 3.8 | 56.2 | 12.3 |
| 酒、饮料和精制茶制造业 | 3.6 | 51.5 | 8.2 |
| 烟草制品业 | 6.7 | 68.1 | 23.4 |
| 纺织业 | 6.0 | 58.7 | 20.5 |
| 纺织服装、服饰业 | 4.3 | 55.2 | 23.0 |
| 皮革、毛皮、羽毛及其制品和制鞋业 | 3.9 | 55.4 | 24.0 |
| 木材加工和木、竹、藤、棕、草制品业 | 2.3 | 54.4 | 14.9 |
| 家具制造业 | 7.9 | 58.5 | 24.9 |
| 造纸和纸制品业 | 6.9 | 52.9 | 14.6 |
| 印刷和记录媒介复制业 | 6.7 | 57.2 | 14.6 |
| 文教、工美、体育和娱乐用品制造业 | 5.8 | 65.4 | 38.8 |
| 石油、煤炭及其他燃料加工业 | 2.4 | 55.8 | 6.8 |
| 化学原料和化学制品制造业 | 6.3 | 61.3 | 15.7 |
| 医药制造业 | 9.9 | 55.7 | 13.8 |

表 5—4　续表 1

| 行　　业 | 市场新的产品销售收入占营业收入比重（%） | 有市场新产品的企业占有产品创新的企业比重（%） | # 有国际市场新产品的企业占有产品创新的工业企业比重 |
|---|---|---|---|
| 化学纤维制造业 | 11.4 | 61.2 | 17.4 |
| 橡胶和塑料制品业 | 10.3 | 61.9 | 22.5 |
| 非金属矿物制品业 | 4.1 | 56.5 | 14.8 |
| 黑色金属冶炼和压延加工业 | 4.1 | 54.5 | 12.5 |
| 有色金属冶炼和压延加工业 | 4.6 | 57.7 | 16.1 |
| 金属制品业 | 6.6 | 61.5 | 21.9 |
| 通用设备制造业 | 15.3 | 66.6 | 21.6 |
| 专用设备制造业 | 14.3 | 70.0 | 24.4 |
| 汽车制造业 | 16.8 | 62.1 | 18.1 |
| 铁路、船舶、航空航天和其他运输设备制造业 | 28.6 | 66.2 | 22.6 |
| 电气机械和器材制造业 | 19.0 | 66.0 | 25.3 |
| 计算机、通信和其他电子设备制造业 | 24.2 | 70.1 | 31.5 |
| 仪器仪表制造业 | 14.5 | 71.8 | 21.4 |
| 其他制造业 | 8.3 | 62.5 | 29.7 |
| 废弃资源综合利用业 | 3.5 | 51.9 | 7.4 |
| 金属制品、机械和设备修理业 | 13.2 | 61.9 | 14.4 |
| **电力、热力、燃气及水生产和供应业** | **0.3** | **42.5** | **4.5** |
| 电力、热力生产和供应业 | 0.2 | 41.0 | 5.2 |
| 燃气生产和供应业 | 0.8 | 44.1 | 3.4 |
| 水的生产和供应业 | 0.4 | 45.2 | 3.6 |

表 5—4 续表 2

| 行业 | 市场新的产品销售收入占营业收入比重（%） | 有市场新产品的企业占有产品创新的企业比重（%） |
|---|---|---|
| **建筑业** | **8.5** | **70.0** |
| 房屋建筑业 | 8.6 | 71.7 |
| 土木工程建筑业 | 9.3 | 69.6 |
| 建筑安装业 | 5.7 | 65.8 |
| 建筑装饰、装修和其他建筑业 | 7.1 | 70.1 |
| **批发和零售业** | **1.9** | **70.3** |
| 批发业 | 1.8 | 67.9 |
| 零售业 | 2.4 | 72.9 |
| **交通运输、仓储和邮政业** | **3.5** | **57.1** |
| 铁路运输业 | 1.6 | 60.0 |
| 道路运输业 | 6.1 | 59.6 |
| 水上运输业 | 1.7 | 48.2 |
| 航空运输业 | 2.2 | 56.1 |
| 管道运输业 | 17.4 | 75.0 |
| 多式联运和运输代理业 | 1.4 | 55.4 |
| 装卸搬运和仓储业 | 1.3 | 53.1 |
| 邮政业 | 3.2 | 55.2 |
| **信息传输、软件和信息技术服务业** | **10.9** | **59.6** |
| 电信、广播电视和卫星传输服务 | 7.5 | 65.1 |
| 互联网和相关服务 | 10.8 | 55.9 |
| 软件和信息技术服务业 | 13.0 | 59.9 |
| **租赁和商务服务业** | **4.3** | **59.4** |
| 租赁业 | 4.2 | 69.6 |
| 商务服务业 | 4.3 | 58.8 |
| **科学研究和技术服务业** | **12.5** | **62.2** |
| 研究和试验发展 | 14.5 | 69.6 |
| 专业技术服务业 | 13.1 | 60.4 |
| 科技推广和应用服务业 | 7.3 | 61.8 |
| **水利、环境和公共设施管理业** | **2.9** | **60.0** |
| 水利管理业 | 1.9 | 66.7 |
| 生态保护和环境治理业 | 7.3 | 59.7 |
| 公共设施管理业 | 3.1 | 59.6 |
| 土地管理业 | 1.1 | 63.6 |

**表 5—5　2019 年分地区企业产品新颖度情况**

| 地　区 | 市场新的产品销售收入占营业收入比重（%） | 有市场新产品的企业占有产品创新的企业比重（%） | #有国际市场新产品的企业占有产品创新的工业企业比重 |
| --- | --- | --- | --- |
| **全　国** | **6.6** | **63.0** | **21.1** |
| 东部地区 | 7.2 | 62.9 | 24.5 |
| 中部地区 | 6.7 | 63.5 | 13.6 |
| 西部地区 | 4.3 | 61.3 | 11.9 |
| 东北地区 | 5.2 | 68.7 | 19.7 |
| 北　京 | 5.1 | 57.7 | 15.8 |
| 天　津 | 4.6 | 63.9 | 22.0 |
| 河　北 | 5.1 | 61.8 | 16.6 |
| 山　西 | 5.1 | 62.0 | 13.2 |
| 内蒙古 | 2.8 | 59.0 | 11.2 |
| 辽　宁 | 4.2 | 71.5 | 24.8 |
| 吉　林 | 11.0 | 64.4 | 12.1 |
| 黑龙江 | 1.9 | 64.3 | 9.6 |
| 上　海 | 5.8 | 66.4 | 27.1 |
| 江　苏 | 7.2 | 64.1 | 22.4 |
| 浙　江 | 7.9 | 56.5 | 22.7 |
| 安　徽 | 7.6 | 68.2 | 18.4 |
| 福　建 | 3.8 | 60.4 | 23.3 |
| 江　西 | 6.4 | 60.4 | 12.8 |
| 山　东 | 6.4 | 67.0 | 22.2 |
| 河　南 | 6.8 | 60.9 | 11.2 |
| 湖　北 | 5.7 | 60.9 | 11.2 |
| 湖　南 | 8.6 | 66.5 | 12.5 |
| 广　东 | 11.6 | 67.3 | 30.2 |
| 广　西 | 4.2 | 60.4 | 15.9 |
| 海　南 | 2.6 | 65.6 | 10.1 |
| 重　庆 | 4.7 | 59.1 | 12.0 |
| 四　川 | 4.1 | 61.8 | 11.6 |
| 贵　州 | 4.5 | 59.2 | 9.9 |
| 云　南 | 7.0 | 59.4 | 9.5 |
| 西　藏 | 1.6 | 69.2 | |
| 陕　西 | 5.0 | 64.5 | 13.2 |
| 甘　肃 | 2.5 | 67.5 | 11.4 |
| 青　海 | 7.4 | 64.8 | 10.0 |
| 宁　夏 | 4.0 | 60.7 | 13.2 |
| 新　疆 | 1.8 | 65.1 | 11.6 |

**表 5—6　2019 年分行业高技术产业发展情况**

| 行　业 | 高技术产业营业收入（亿元） | 高技术产业利润总额（亿元） |
|---|---|---|
| **合　计** | **154680.8** | **10486.7** |
| **医药制造业** | **23556.3** | **3221.2** |
| 化学药品制造 | 12105.8 | 1658.9 |
| 中药饮片加工 | 1917.4 | 171.1 |
| 中成药生产 | 4551.1 | 668.9 |
| 兽用药品制造 | 763.2 | 77.7 |
| 生物药品制品制造 | 2407.0 | 451.9 |
| 卫生材料及医药用品制造 | 1586.2 | 171.4 |
| 药用辅料及包装材料 | 225.5 | 21.3 |
| **航空、航天器及设备制造业** | **2820.0** | **161.1** |
| 飞机制造 | 1487.1 | 64.3 |
| 航天器及运载火箭制造 | 150.0 | 7.0 |
| 航空、航天相关设备制造 | 384.7 | 28.3 |
| 其他航空航天器制造 | 133.0 | 15.1 |
| 航空航天器修理 | 665.1 | 46.4 |
| **电子及通信设备制造业** | **97594.8** | **5276.2** |
| 电子工业专用设备制造 | 1305.2 | 115.6 |
| 光纤、光缆及锂离子电池制造 | 6254.7 | 363.4 |
| 通信设备、雷达及配套设备制造 | 36097.0 | 1908.5 |
| 广播电视设备制造 | 1389.1 | 88.8 |
| 非专业视听设备制造 | 6395.9 | 188.0 |
| 电子器件制造 | 20258.2 | 870.7 |
| 电子元件及电子专用材料制造 | 18646.3 | 1270.2 |
| 智能消费设备制造 | 3631.5 | 260.3 |
| 其他电子设备制造 | 3617.0 | 210.8 |
| **计算机及办公设备制造业** | **20404.9** | **664.7** |
| 计算机整机制造 | 12656.8 | 170.0 |
| 计算机零部件制造 | 3084.0 | 197.5 |
| 计算机外围设备制造 | 2402.6 | 130.2 |
| 工业控制计算机及系统制造 | 191.3 | 15.8 |
| 信息安全设备制造 | 128.9 | 16.2 |
| 其他计算机制造 | 893.3 | 58.2 |
| 办公设备制造 | 1048.0 | 76.9 |
| **医疗仪器设备及仪器仪表制造业** | **9726.3** | **1131.8** |
| 医疗仪器设备及器械制造 | 2837.9 | 419.3 |
| 通用仪器仪表制造 | 4521.1 | 452.4 |
| 专用仪器仪表制造 | 1312.8 | 144.3 |
| 光学仪器制造 | 870.7 | 97.2 |
| 其他仪器仪表制造业 | 183.7 | 18.7 |
| **信息化学品制造业** | **578.5** | **31.6** |
| 信息化学品制造 | 578.5 | 31.6 |

**表 5—7　2019 年分地区高技术产业发展**

| 地　区 | 高技术产业营业收入（亿元） | 高技术产业利润总额（亿元） |
|---|---|---|
| **全　国** | **154680.8** | **10486.7** |
| 东部地区 | 106694.2 | 7322.7 |
| 中部地区 | 24257.7 | 1505.7 |
| 西部地区 | 20941.5 | 1244.6 |
| 东北地区 | 2787.4 | 413.8 |
| 北　京 | 5497.2 | 507.9 |
| 天　津 | 2649.8 | 164.2 |
| 河　北 | 1533.4 | 188.7 |
| 山　西 | 1235.5 | 54.7 |
| 内蒙古 | 358.2 | 9.7 |
| 辽　宁 | 1572.2 | 223.9 |
| 吉　林 | 609.9 | 146.2 |
| 黑龙江 | 605.3 | 43.7 |
| 上　海 | 7319.7 | 438.0 |
| 江　苏 | 23546.8 | 1405.2 |
| 浙　江 | 8105.8 | 860.0 |
| 安　徽 | 3952.8 | 212.1 |
| 福　建 | 6388.2 | 505.9 |
| 江　西 | 5186.8 | 368.7 |
| 山　东 | 5747.9 | 478.8 |
| 河　南 | 5753.6 | 319.6 |
| 湖　北 | 4266.8 | 278.7 |
| 湖　南 | 3862.1 | 271.9 |
| 广　东 | 45649.4 | 2733.9 |
| 广　西 | 1505.6 | 126.0 |
| 海　南 | 256.0 | 40.2 |
| 重　庆 | 5728.7 | 216.5 |
| 四　川 | 7609.1 | 364.2 |
| 贵　州 | 1108.9 | 52.5 |
| 云　南 | 827.5 | 132.8 |
| 西　藏 | 16.1 | 6.6 |
| 陕　西 | 3122.0 | 256.3 |
| 甘　肃 | 257.1 | 47.6 |
| 青　海 | 127.2 | 5.1 |
| 宁　夏 | 175.4 | 20.3 |
| 新　疆 | 105.8 | 7.0 |

# 6. 企业创新环境情况

表 6－1　2019 年分行业企业创新氛围

| 行　　业 | 认为创新对企业生存和发展起重要作用的企业占全部企业比重(%) | 制定了创新战略目标的企业占全部企业比重(%) |
|---|---|---|
| **总　计** | **32.3** | **55.6** |
| **采矿业** | **24.8** | **41.6** |
| 煤炭开采和洗选业 | 23.4 | 40.0 |
| 石油和天然气开采业 | 48.3 | 69.7 |
| 黑色金属矿采选业 | 23.9 | 39.0 |
| 有色金属矿采选业 | 29.3 | 47.8 |
| 非金属矿采选业 | 23.4 | 40.0 |
| 开采专业及辅助性活动 | 36.2 | 54.1 |
| **制造业** | **38.6** | **64.3** |
| 农副食品加工业 | 33.4 | 60.2 |
| 食品制造业 | 42.1 | 69.0 |
| 酒、饮料和精制茶制造业 | 36.5 | 64.1 |
| 烟草制品业 | 65.1 | 84.1 |
| 纺织业 | 27.0 | 55.0 |
| 纺织服装、服饰业 | 22.0 | 45.2 |
| 皮革、毛皮、羽毛及其制品和制鞋业 | 23.6 | 46.9 |
| 木材加工和木、竹、藤、棕、草制品业 | 25.1 | 45.1 |
| 家具制造业 | 31.3 | 60.3 |
| 造纸和纸制品业 | 30.9 | 57.2 |
| 印刷和记录媒介复制业 | 33.1 | 61.9 |
| 文教、工美、体育和娱乐用品制造业 | 32.3 | 57.9 |
| **石油、煤炭及其他燃料加工业** | **36.7** | **61.2** |
| 化学原料和化学制品制造业 | 44.9 | 69.7 |
| 医药制造业 | 55.5 | 80.3 |
| 化学纤维制造业 | 32.0 | 60.8 |
| 橡胶和塑料制品业 | 35.9 | 63.5 |
| 非金属矿物制品业 | 31.7 | 54.7 |
| 黑色金属冶炼和压延加工业 | 31.1 | 55.5 |
| 有色金属冶炼和压延加工业 | 36.7 | 62.6 |
| 金属制品业 | 35.5 | 62.9 |
| 通用设备制造业 | 45.3 | 72.5 |
| 专用设备制造业 | 50.7 | 76.3 |
| 汽车制造业 | 46.6 | 72.6 |
| 铁路、船舶、航空航天和其他运输设备制造业 | 45.7 | 70.7 |
| 电气机械和器材制造业 | 46.6 | 74.0 |
| 计算机、通信和其他电子设备制造业 | 53.5 | 77.4 |
| 仪器仪表制造业 | 59.4 | 83.1 |
| 其他制造业 | 35.3 | 61.8 |

表 6—1　续表

| 行　　业 | 认为创新对企业生存和发展起重要作用的企业占全部企业比重(%) | 制定了创新战略目标的企业占全部企业比重(%) |
|---|---|---|
| 废弃资源综合利用业 | 29.9 | 53.0 |
| 金属制品、机械和设备修理业 | 36.5 | 63.6 |
| **电力、热力、燃气及水生产和供应业** | **34.2** | **53.0** |
| 电力、热力生产和供应业 | 33.7 | 52.8 |
| 燃气生产和供应业 | 35.9 | 55.6 |
| 水的生产和供应业 | 34.2 | 51.5 |
| **建筑业** | **23.5** | **51.9** |
| 房屋建筑业 | 22.5 | 50.9 |
| 土木工程建筑业 | 26.6 | 57.2 |
| 建筑安装业 | 24.8 | 51.8 |
| 建筑装饰、装修和其他建筑业 | 21.9 | 48.8 |
| **批发和零售业** | **24.6** | **44.1** |
| 批发业 | 24.4 | 43.5 |
| 零售业 | 24.8 | 44.9 |
| **交通运输、仓储和邮政业** | **23.0** | **43.6** |
| 铁路运输业 | 33.0 | 52.0 |
| 道路运输业 | 21.4 | 40.7 |
| 水上运输业 | 21.5 | 43.0 |
| 航空运输业 | 38.9 | 65.8 |
| 管道运输业 | 32.0 | 64.1 |
| 多式联运和运输代理业 | 23.7 | 46.2 |
| 装卸搬运和仓储业 | 26.0 | 47.6 |
| 邮政业 | 30.0 | 52.9 |
| **信息传输、软件和信息技术服务业** | **53.7** | **78.4** |
| 电信、广播电视和卫星传输服务 | 44.1 | 67.8 |
| 互联网和相关服务 | 51.3 | 75.7 |
| 软件和信息技术服务业 | 55.9 | 80.8 |
| **租赁和商务服务业** | **29.1** | **50.6** |
| 租赁业 | 26.2 | 47.5 |
| 商务服务业 | 29.3 | 50.8 |
| **科学研究和技术服务业** | **39.4** | **66.8** |
| 研究和试验发展 | 59.8 | 81.6 |
| 专业技术服务业 | 35.8 | 64.4 |
| 科技推广和应用服务业 | 44.3 | 69.2 |
| **水利、环境和公共设施管理业** | **30.9** | **53.8** |
| 水利管理业 | 37.6 | 53.7 |
| 生态保护和环境治理业 | 41.6 | 64.8 |
| 公共设施管理业 | 28.4 | 52.1 |
| 土地管理业 | 31.7 | 48.0 |

**表 6－2　2019 年分地区企业创新氛围**

| 地　区 | 认为创新对企业生存和发展起重要作用的企业占全部企业比重(%) | 制定了创新战略目标的企业占全部企业比重(%) |
|---|---|---|
| **全　国** | **32.3** | **55.6** |
| 东部地区 | 33.3 | 56.7 |
| 中部地区 | 29.9 | 55.0 |
| 西部地区 | 32.1 | 53.8 |
| 东北地区 | 30.9 | 50.0 |
| 北　京 | 33.4 | 58.8 |
| 天　津 | 31.4 | 54.1 |
| 河　北 | 32.7 | 55.9 |
| 山　西 | 28.7 | 53.1 |
| 内蒙古 | 29.7 | 48.0 |
| 辽　宁 | 31.1 | 50.5 |
| 吉　林 | 33.0 | 51.7 |
| 黑龙江 | 28.5 | 47.2 |
| 上　海 | 33.0 | 57.3 |
| 江　苏 | 32.4 | 60.2 |
| 浙　江 | 31.1 | 56.9 |
| 安　徽 | 35.4 | 62.0 |
| 福　建 | 28.7 | 46.4 |
| 江　西 | 28.8 | 53.3 |
| 山　东 | 37.9 | 59.1 |
| 河　南 | 27.9 | 52.1 |
| 湖　北 | 30.9 | 55.6 |
| 湖　南 | 27.1 | 52.8 |
| 广　东 | 35.2 | 56.3 |
| 广　西 | 30.8 | 50.7 |
| 海　南 | 35.5 | 53.9 |
| 重　庆 | 32.1 | 54.8 |
| 四　川 | 33.0 | 55.7 |
| 贵　州 | 30.3 | 49.8 |
| 云　南 | 38.1 | 56.7 |
| 西　藏 | 34.4 | 51.9 |
| 陕　西 | 30.3 | 55.9 |
| 甘　肃 | 32.7 | 55.7 |
| 青　海 | 32.8 | 55.2 |
| 宁　夏 | 35.0 | 57.8 |
| 新　疆 | 30.4 | 49.4 |

表 6—3　2019 年分登记注册类型企业创新政策实施情况

| 行　业 | 认为研发费用加计扣除政策效果明显的企业比重（%） | 认为高新技术企业减免税政策效果明显的企业比重（%） |
|---|---|---|
| **合　计** | **47.3** | **42.0** |
| **#国有及国有控股** | **43.5** | **38.6** |
| **内资企业** | **47.0** | **42.1** |
| 国有企业 | 34.5 | 30.9 |
| 集体企业 | 31.1 | 29.2 |
| 股份合作企业 | 40.8 | 33.0 |
| 联营企业 | 35.7 | 32.1 |
| 有限责任公司 | 45.9 | 41.2 |
| 股份有限公司 | 68.2 | 63.4 |
| 私营企业 | 46.3 | 41.2 |
| 其他企业 | 45.8 | 45.8 |
| **港、澳、台商投资企业** | **51.8** | **43.2** |
| **外商投资企业** | **48.4** | **38.7** |

表 6—4　2019 年分行业企业创新政策实施情况

| 行　业 | 认为研发费用加计扣除政策效果明显的企业比重（%） | 认为高新技术企业减免税政策效果明显的企业比重（%） |
|---|---|---|
| **总　计** | **47.3** | **42.0** |
| 采矿业 | 38.6 | 30.2 |
| 制造业 | 58.3 | 50.7 |
| 电力、热力、燃气及水生产和供应业 | 32.4 | 29.4 |
| 建筑业 | 32.0 | 30.3 |
| 批发和零售业 | 20.5 | 20.6 |
| 交通运输、仓储和邮政业 | 21.0 | 18.8 |
| 信息传输、软件和信息技术服务业 | 73.1 | 64.2 |
| 租赁和商务服务业 | 24.2 | 21.6 |
| 科学研究和技术服务业 | 59.0 | 54.0 |
| 水利、环境和公共设施管理业 | 33.7 | 29.9 |

**表 6—5　2019 年分地区企业创新政策实施情况**

| 地　　区 | 认为研发费用加计扣除政策效果明显的企业比重（%） | 认为高新技术企业减免税政策效果明显的企业比重（%） |
|---|---|---|
| **全　　国** | **47.3** | **42.0** |
| | | |
| 东部地区 | 49.1 | 43.2 |
| 中部地区 | 48.8 | 44.5 |
| 西部地区 | 37.4 | 33.1 |
| 东北地区 | 44.9 | 40.9 |
| | | |
| 北　　京 | 49.9 | 50.5 |
| 天　　津 | 42.9 | 38.9 |
| 河　　北 | 42.6 | 40.4 |
| 山　　西 | 37.3 | 32.4 |
| 内 蒙 古 | 27.4 | 26.3 |
| | | |
| 辽　　宁 | 48.2 | 43.8 |
| 吉　　林 | 43.7 | 39.1 |
| 黑 龙 江 | 38.0 | 35.1 |
| | | |
| 上　　海 | 50.1 | 42.7 |
| 江　　苏 | 49.4 | 43.4 |
| 浙　　江 | 52.0 | 40.6 |
| 安　　徽 | 52.4 | 45.8 |
| 福　　建 | 39.7 | 36.0 |
| 江　　西 | 53.6 | 49.5 |
| 山　　东 | 47.3 | 42.1 |
| | | |
| 河　　南 | 44.8 | 41.4 |
| 湖　　北 | 48.1 | 46.0 |
| 湖　　南 | 49.3 | 44.5 |
| 广　　东 | 51.8 | 47.1 |
| 广　　西 | 31.6 | 30.4 |
| 海　　南 | 31.7 | 31.4 |
| | | |
| 重　　庆 | 42.7 | 37.2 |
| 四　　川 | 39.9 | 33.0 |
| 贵　　州 | 37.8 | 35.6 |
| 云　　南 | 38.2 | 31.8 |
| 西　　藏 | 30.9 | 28.7 |
| | | |
| 陕　　西 | 38.3 | 35.2 |
| 甘　　肃 | 33.5 | 31.8 |
| 青　　海 | 33.3 | 30.5 |
| 宁　　夏 | 40.7 | 29.0 |
| 新　　疆 | 28.5 | 28.6 |

表 6－6　2019 年分行业工业企业创新政策相关情况

| 行　业 | 工业企业政府研发资金（万元） | 工业企业研究开发费用加计扣除减免税（万元） | 工业高新技术企业减免税（万元） |
|---|---|---|---|
| **总　计** | **5747869** | **13996916** | **14237952** |
| **采矿业** | **112151** | **219942** | **185895** |
| 煤炭开采和洗选业 | 19914 | 75566 | 43587 |
| 石油和天然气开采业 | 69420 | 93915 | 43136 |
| 黑色金属矿采选业 | 1488 | 6498 | 25777 |
| 有色金属矿采选业 | 3232 | 23384 | 51891 |
| 非金属矿采选业 | 2429 | 12192 | 13183 |
| 开采专业及辅助性活动 | 15669 | 8387 | 8322 |
| **制造业** | **5605382** | **13697071** | **13936141** |
| 农副食品加工业 | 46797 | 155508 | 89549 |
| 食品制造业 | 42278 | 184733 | 255655 |
| 酒、饮料和精制茶制造业 | 21899 | 70705 | 57947 |
| 烟草制品业 | 84972 | 430 | 5646 |
| 纺织业 | 43317 | 198575 | 134069 |
| 纺织服装、服饰业 | 13293 | 67538 | 49618 |
| 皮革、毛皮、羽毛及其制品和制鞋业 | 7478 | 47859 | 30044 |
| 木材加工和木、竹、藤、棕、草制品业 | 9996 | 40183 | 30376 |
| 家具制造业 | 4202 | 84809 | 97522 |
| 造纸和纸制品业 | 10432 | 133929 | 265773 |
| 印刷和记录媒介复制业 | 11880 | 93744 | 115161 |
| 文教、工美、体育和娱乐用品制造业 | 18717 | 110643 | 53003 |
| 石油、煤炭及其他燃料加工业 | 89838 | 77392 | 88477 |
| 化学原料和化学制品制造业 | 158253 | 887047 | 1191842 |
| 医药制造业 | 292811 | 902898 | 1575527 |
| 化学纤维制造业 | 32165 | 76788 | 92850 |
| 橡胶和塑料制品业 | 54579 | 416517 | 360604 |
| 非金属矿物制品业 | 75896 | 469381 | 465338 |
| 黑色金属冶炼和压延加工业 | 519151 | 431449 | 494426 |
| 有色金属冶炼和压延加工业 | 86371 | 301277 | 329435 |
| 金属制品业 | 137027 | 410679 | 335011 |
| 通用设备制造业 | 221432 | 971489 | 994956 |
| 专用设备制造业 | 290344 | 904469 | 906871 |
| 汽车制造业 | 562342 | 1392145 | 976768 |
| 铁路、船舶、航空航天和其他运输设备制造业 | 774676 | 422640 | 446544 |
| 电气机械和器材制造业 | 447120 | 1447520 | 1935208 |
| 计算机、通信和其他电子设备制造业 | 1400593 | 2968442 | 2136448 |
| 仪器仪表制造业 | 104320 | 330194 | 340127 |
| 其他制造业 | 37648 | 54124 | 26075 |
| 废弃资源综合利用业 | 3815 | 20415 | 36034 |
| 金属制品、机械和设备修理业 | 1740 | 23554 | 19238 |
| **电力、热力、燃气及水生产和供应业** | **30336** | **79903** | **115916** |
| 电力、热力生产和供应业 | 26757 | 59356 | 63204 |
| 燃气生产和供应业 | 570 | 9802 | 35500 |
| 水的生产和供应业 | 3009 | 10745 | 17212 |

附表 4　2019 年企业创新政策效果情况

| 项　　目 | 认为企业研发费用加计扣除政策效果不明显或未享受的原因(%) | | | | | |
|---|---|---|---|---|---|---|
| | 不知道此政策 | 不具备享受该政策的资格 | 吸引力不　足 | 办理手续繁琐 | 政府部门政策执行力度不够 | 其他原因 |
| **总　计** | **6.5** | **75.2** | **5.7** | **5.6** | **0.9** | **6.1** |
| **一、按行业分** | | | | | | |
| 采矿业 | 6.4 | 75.9 | 6.4 | 5.4 | 0.8 | 5.1 |
| 制造业 | 6.3 | 69.9 | 8.0 | 8.5 | 1.1 | 6.2 |
| 电力、热力、燃气及水生产和供应业 | 5.9 | 76.5 | 4.5 | 3.3 | 0.7 | 9.1 |
| 建筑业 | 9.7 | 73.1 | 5.3 | 5.1 | 1.4 | 5.5 |
| 批发和零售业 | 6.5 | 83.3 | 3.1 | 2.0 | 0.5 | 4.6 |
| 交通运输、仓储和邮政业 | 6.3 | 80.8 | 3.0 | 2.1 | 0.7 | 7.1 |
| 信息传输、软件和信息技术服务业 | 5.7 | 62.6 | 7.2 | 9.3 | 1.0 | 14.1 |
| 租赁和商务服务业 | 6.2 | 80.1 | 3.2 | 2.5 | 0.6 | 7.5 |
| 科学研究和技术服务业 | 6.0 | 69.2 | 6.1 | 6.8 | 1.2 | 10.8 |
| 水利、环境和公共设施管理业 | 4.9 | 77.8 | 4.8 | 2.6 | 0.8 | 9.2 |
| **二、按地区分** | | | | | | |
| 东部地区 | 6.0 | 75.4 | 5.7 | 5.9 | 0.8 | 6.1 |
| 中部地区 | 7.2 | 74.5 | 6.8 | 5.3 | 0.9 | 5.4 |
| 西部地区 | 7.4 | 75.1 | 4.8 | 5.1 | 1.1 | 6.5 |
| 东北地区 | 8.2 | 75.1 | 5.0 | 3.4 | 0.6 | 7.7 |
| | | | | | | |
| 北　京 | 3.7 | 72.2 | 5.2 | 7.4 | 0.7 | 10.8 |
| 天　津 | 5.4 | 76.3 | 5.1 | 5.0 | 0.3 | 7.9 |
| 河　北 | 8.3 | 73.3 | 5.7 | 5.4 | 0.7 | 6.6 |
| 山　西 | 8.2 | 77.1 | 4.4 | 3.2 | 1.2 | 6.0 |
| 内蒙古 | 7.8 | 75.5 | 3.6 | 4.0 | 0.6 | 8.6 |
| | | | | | | |
| 辽　宁 | 7.3 | 75.5 | 5.1 | 3.5 | 0.5 | 8.1 |
| 吉　林 | 10.0 | 73.6 | 4.0 | 3.5 | 0.6 | 8.4 |
| 黑龙江 | 8.7 | 75.7 | 5.5 | 3.1 | 0.8 | 6.2 |

附表4　续表1

| 项　目 | 认为企业研发费用加计扣除政策效果不明显或未享受的原因(%) | | | | | |
|---|---|---|---|---|---|---|
| | 不知道此政策 | 不具备享受该政策的资格 | 吸引力不　足 | 办理手续繁琐 | 政府部门政策执行力度不够 | 其他原因 |
| 上　海 | 4.8 | 78.4 | 4.4 | 4.6 | 0.8 | 7.0 |
| 江　苏 | 5.1 | 76.7 | 6.4 | 5.6 | 0.7 | 5.6 |
| 浙　江 | 3.4 | 80.3 | 5.3 | 4.8 | 0.8 | 5.3 |
| 安　徽 | 5.2 | 78.5 | 5.8 | 4.2 | 0.8 | 5.4 |
| 福　建 | 7.1 | 77.1 | 5.5 | 5.3 | 0.9 | 4.0 |
| 江　西 | 7.0 | 68.4 | 9.5 | 7.1 | 1.2 | 6.8 |
| 山　东 | 6.3 | 80.4 | 4.4 | 3.1 | 0.5 | 5.4 |
| 河　南 | 8.9 | 74.9 | 6.7 | 4.6 | 0.8 | 4.1 |
| 湖　北 | 5.9 | 76.1 | 6.5 | 5.8 | 0.9 | 4.9 |
| 湖　南 | 8.0 | 71.5 | 7.0 | 6.1 | 1.0 | 6.3 |
| 广　东 | 8.4 | 68.1 | 6.6 | 8.9 | 1.3 | 6.7 |
| 广　西 | 9.1 | 74.2 | 4.1 | 5.0 | 1.2 | 6.5 |
| 海　南 | 6.6 | 77.8 | 3.2 | 2.0 | 2.0 | 8.4 |
| 重　庆 | 6.0 | 73.6 | 5.2 | 7.5 | 1.0 | 6.7 |
| 四　川 | 6.8 | 76.7 | 4.5 | 5.4 | 0.9 | 5.7 |
| 贵　州 | 9.6 | 70.7 | 5.4 | 5.8 | 1.3 | 7.2 |
| 云　南 | 8.0 | 74.6 | 4.6 | 5.1 | 1.3 | 6.4 |
| 西　藏 | 9.2 | 71.9 | 5.9 | 3.3 | | 9.8 |
| 陕　西 | 7.7 | 75.5 | 5.8 | 4.5 | 1.0 | 5.5 |
| 甘　肃 | 7.6 | 74.7 | 4.8 | 3.3 | 1.9 | 7.8 |
| 青　海 | 7.9 | 74.7 | 4.2 | 2.9 | 1.2 | 9.1 |
| 宁　夏 | 4.5 | 76.8 | 4.1 | 5.3 | 1.5 | 7.7 |
| 新　疆 | 6.2 | 78.7 | 3.8 | 2.5 | 0.8 | 8.1 |

附表4 续表2

| 项　目 | 认为高新技术企业减免税政策效果不明显或未享受的原因(%) | | | | | |
|---|---|---|---|---|---|---|
| | 不知道此政策 | 不具备享受该政策的资格 | 吸引力不　足 | 办理手续繁琐 | 政府部门政策执行力度不够 | 其他原因 |
| **总　计** | **4.6** | **81.3** | **3.5** | **3.4** | **0.5** | **6.7** |
| **一、按行业分** | | | | | | |
| 采矿业 | 5.0 | 83.9 | 3.3 | 2.6 | 0.7 | 4.4 |
| 制造业 | 4.1 | 78.6 | 4.7 | 4.9 | 0.6 | 7.1 |
| 电力、热力、燃气及水生产和供应业 | 4.5 | 83.6 | 2.3 | 2.0 | 0.5 | 7.2 |
| 建筑业 | 7.5 | 79.4 | 3.5 | 3.5 | 1.0 | 5.2 |
| 批发和零售业 | 5.0 | 87.0 | 2.0 | 1.4 | 0.3 | 4.3 |
| 交通运输、仓储和邮政业 | 4.4 | 85.5 | 1.8 | 1.6 | 0.3 | 6.4 |
| 信息传输、软件和信息技术服务业 | 3.0 | 67.3 | 4.3 | 3.8 | 0.5 | 21.1 |
| 租赁和商务服务业 | 4.8 | 84.9 | 1.7 | 1.5 | 0.4 | 6.7 |
| 科学研究和技术服务业 | 3.8 | 74.9 | 3.9 | 3.7 | 0.8 | 12.9 |
| 水利、环境和公共设施管理业 | 3.9 | 83.3 | 2.4 | 1.7 | 0.5 | 8.1 |
| **二、按地区分** | | | | | | |
| 东部地区 | 4.1 | 81.7 | 3.4 | 3.5 | 0.5 | 6.7 |
| 中部地区 | 5.2 | 80.5 | 4.5 | 3.5 | 0.6 | 5.7 |
| 西部地区 | 5.3 | 80.8 | 2.8 | 3.1 | 0.7 | 7.3 |
| 东北地区 | 6.1 | 79.7 | 3.3 | 2.1 | 0.4 | 8.4 |
| | | | | | | |
| 北　京 | 2.6 | 79.0 | 3.0 | 2.7 | 0.5 | 12.3 |
| 天　津 | 4.1 | 80.7 | 3.1 | 3.2 | 0.2 | 8.8 |
| 河　北 | 6.2 | 77.8 | 4.3 | 3.8 | 0.5 | 7.4 |
| 山　西 | 5.7 | 82.8 | 3.1 | 1.9 | 0.5 | 6.0 |
| 内蒙古 | 5.3 | 79.7 | 2.6 | 2.8 | 0.6 | 9.0 |

附表 4　续表 3

| 项　　目 | 认为高新技术企业减免税政策效果不明显或未享受的原因(%) | | | | | |
| --- | --- | --- | --- | --- | --- | --- |
| | 不知道此政策 | 不具备享受该政策的资格 | 吸引力不　足 | 办理手续繁琐 | 政府部门政策执行力度不够 | 其他原因 |
| 辽　宁 | 5.4 | 79.8 | 3.5 | 2.1 | 0.5 | 8.7 |
| 吉　林 | 7.0 | 79.3 | 2.9 | 1.8 | 0.2 | 8.8 |
| 黑龙江 | 6.6 | 80.0 | 3.2 | 2.1 | 0.5 | 7.7 |
| 上　海 | 3.3 | 83.8 | 2.4 | 3.1 | 0.5 | 6.9 |
| 江　苏 | 3.6 | 82.1 | 4.2 | 3.4 | 0.4 | 6.3 |
| 浙　江 | 2.2 | 87.0 | 2.4 | 2.6 | 0.4 | 5.3 |
| 安　徽 | 3.3 | 84.5 | 3.5 | 2.4 | 0.4 | 5.9 |
| 福　建 | 5.8 | 83.0 | 3.4 | 3.3 | 0.5 | 4.1 |
| 江　西 | 5.3 | 77.3 | 5.5 | 4.2 | 0.7 | 6.9 |
| 山　东 | 4.1 | 85.3 | 2.4 | 2.0 | 0.4 | 5.7 |
| 河　南 | 6.9 | 80.5 | 4.8 | 2.9 | 0.6 | 4.3 |
| 湖　北 | 4.2 | 81.9 | 4.1 | 3.9 | 0.8 | 5.1 |
| 湖　南 | 5.8 | 76.2 | 5.6 | 4.7 | 0.7 | 6.9 |
| 广　东 | 5.8 | 75.9 | 4.3 | 5.4 | 0.8 | 8.0 |
| 广　西 | 6.2 | 79.6 | 2.8 | 3.9 | 0.7 | 6.9 |
| 海　南 | 4.5 | 83.1 | 1.1 | 1.6 | 1.1 | 8.6 |
| 重　庆 | 4.4 | 79.1 | 3.1 | 4.5 | 0.6 | 8.3 |
| 四　川 | 4.4 | 81.8 | 2.9 | 3.1 | 0.5 | 7.3 |
| 贵　州 | 7.9 | 77.5 | 3.1 | 3.8 | 0.9 | 6.9 |
| 云　南 | 5.8 | 81.7 | 2.3 | 2.1 | 0.8 | 7.3 |
| 西　藏 | 8.3 | 75.6 | 3.8 | 3.2 | | 9.0 |
| 陕　西 | 5.8 | 81.2 | 3.0 | 3.0 | 0.9 | 6.2 |
| 甘　肃 | 4.7 | 81.7 | 2.9 | 1.7 | 1.3 | 7.8 |
| 青　海 | 5.2 | 82.5 | 2.8 | 1.4 | 0.7 | 7.3 |
| 宁　夏 | 3.0 | 83.2 | 2.6 | 2.2 | 1.0 | 8.0 |
| 新　疆 | 4.6 | 84.2 | 1.8 | 1.2 | 0.6 | 7.7 |

# 附　　录

# 附录1　主要指标解释

## 一、企业创新投入

**R&D 人员：**指报告期 R&D 活动单位中从事基础研究、应用研究和试验发展活动的人员。包括直接参加上述三类 R&D 活动的人员，以及与上述三类 R&D 活动相关的管理人员和直接服务人员，即直接为 R&D 活动提供资料文献、材料供应、设备维护等服务的人员。不包括为 R&D 活动提供间接服务的人员，如餐饮服务、安保人员等。

**R&D 人员全时当量：**指报告期 R&D 人员按实际从事 R&D 活动时间计算的工作量，以"人年"为计量单位。全时人员的全时当量计为 1 人年；非全时人员全时当量按工作时间比例计为 0.1—0.9 人年；从事 R&D 活动的实际工作时间占制度工作时间不足 10%的人员，不计入 R&D 人员，也不计算全时当量。例如，一名 R&D 人员一年中 70%的工作时间用于 R&D 活动，30%的工作时间用于其他工作，则其折合全时当量为 0.7 人年。

**企业研发机构中博士与硕士人员数：**指报告期内企业办研发机构中具有博士或硕士学历或学位的研究开发人员数。

**R&D 经费支出：**即 R&D 经费内部支出，指报告期调查单位内部为实施 R&D 活动而实际发生的全部经费，按支出性质分为日常性支出和资产性支出。不包括调查单位委托其他单位或与其他单位合作开展 R&D 活动而转拨给其他单位的全部经费。

**创新费用：**指企业在报告年度开展产品或工艺创新活动的经费支出。这里仅包括 R&D 经费内部支出，R&D 经费外部支出，获得机器、设备和软件经费支出，从外部获取相关技术经费支出四类。

**新产品开发经费支出：**指报告年度内在企业科技活动经费内部支出中用于新产品研究开发的经费支出。包括新产品的研究、设计、模型研制、测试、试验等费用支出。

**企业办研发机构**：指企业自办（或与外单位合办），管理上同生产系统相对独立（或单独核算）的专门研究开发活动机构，如企业办的技术中心、研究院所、开发中心、开发部、实验室、中试车间、试验基地等。

**企业办研发机构仪器和设备原价**：指报告期末企业办研发机构固定资产中仪器和设备的原价，不包括长期闲置不用的仪器和设备。

## 二、企业创新活动

**研究与试验发展（R&D）**：指为增加知识存量（也包括有关人类、文化和社会的知识）以及设计已有知识的新应用而进行的创造性、系统性工作，包括基础研究、应用研究和试验发展三种类型。基础研究和应用研究统称为科学研究。R&D活动应当满足五个条件：新颖性、创造性、不确定性、系统性、可转移性（可复制性）。

**R&D项目**：指报告期企业在当年立项并开展研究工作、以前年份立项仍继续进行研究的研究开发项目或课题，包括当年完成和年内研究工作已告失败的研发项目或课题。

**R&D项目经费支出**：即R&D项目经费内部支出，指调查单位内部在报告年度进行研发项目（课题）研究和试制等的实际支出。包括劳务费、其他日常支出、固定资产购建费、外协加工费等，不包括委托或与外单位合作进行项目（课题）研究而拨付给对方使用的经费。

**创新**：指本企业推出了新的或有重大改进的产品或工艺，或采用了新的组织管理方式或营销方法。此处的"新"是指它们对本企业而言必须是新的，但对于其他企业或整个市场而言不要求一定是新的。

**产品创新**：指企业推出了全新的或有重大改进的产品。产品创新的"新"要体现在产品的功能或特性上，包括技术规范、材料、组件、用户友好性等方面的重大改进。不包括产品仅有外观变化或其他微小改变的情况，也不包括直接转销。

**工艺创新**：指企业采用了全新的或有重大改进的生产方法、工艺设备或辅助性活动，其中辅助性活动是指企业的采购、物流、财务、信息化等活动。工艺创新的"新"要体现在技术、设备、软件或流程上；不包括单纯的组织管理方式的变化。

**技术创新**：产品创新和工艺创新统称为技术创新。

**组织创新**：指企业采取了此前从未使用过的全新的组织管理方式，主要涉及企业的经营模式、组织结构或外部关系等方面；不包括单纯的合并或收购。应是企业管理层战略决策的结果。

**营销创新**：指企业采用了此前从未使用过的全新的营销概念或营销策略，主要涉及产品设计或包装、产品推广、产品销售渠道、产品定价等方面；不包括季节性、周期性变化和其他常规的营销方式变化。

**创新活动**：指为实现创新而进行的科学、技术、组织、商业等各种活动的总称。具体包括：开展了产品或工艺创新活动，或实现了组织或营销创新。

**产品或工艺创新活动**：即技术创新活动，是研发活动以及为实现产品创新或工艺创新而进行的各种活动的总称。主要的技术创新活动包括内部研发活动、外部研发活动、获得机器设备和软件、从外部获取相关技术，以及相关的培训、设计、市场推介、可行性研究、测试、工装准备等活动。技术创新活动不仅包括成功的，也包括正在进行的和中止的；它本身可能具有新颖性，也可能并不新颖却是实现创新所必需。

**创新合作**：指企业与其他企业或机构共同开展产品或工艺创新活动。创新合作要求企业必须是积极主动参与的，不包括纯外包项目，双方不一定要取得商业利益。

**产学研合作**：指企业与高等学校或科研机构开展创新合作。

**R&D 经费外部支出**：指报告期调查单位委托其他单位或与其他单位合作开展 R&D 活动而转拨给其他单位的全部经费。

## 三、企业创新产出

**专利申请数**：指企业在报告期内作为第一申请人向境内外知识产权行政部门提出专利申请并被受理后，按规定缴足申请费，符合进入初步审查阶段条件的件数。

**发明专利申请数**：指企业在报告期内作为第一申请人向境内外知识产权行政部门提出发明专利申请并被受理后，按规定缴足申请费，符合进入初步审查阶段条件的件数。

**有效发明专利数**：指报告期末企业作为第一专利权人拥有的、经境内外知识产权行政部门授权且在有效期内的发明专利件数。

**形成国家或行业标准**：指报告期企业在自主研发或自主知识产权基础上形成的经有关部门批准的国家或行业标准项数。

**拥有注册商标数**：指报告期末企业作为第一商标注册人拥有的、经境内外商标行政部门核准注册且在有效期内的商标件数。包括在境内和境外注册的商标件数，一件商标在境内外同时注册时只统计一件。

## 四、企业创新成效

**新产品销售收入**：指报告期内企业销售新产品实现的销售收入。

**新产品出口收入**：指报告期内企业将新产品销售给外贸部门和直接出售给外商所实现的销售收入。

**新颖度类别**：指产品或工艺的新颖程度，按照从低到高依次分为无创新、本企业新、国内市场新、国际市场新。其中无创新是指未推出新的产品或工艺，或原有的产品或工艺未发生重大改进；本企业新是指产品或工艺对于本企业而言是全新的或有重大改进的，但对于其他企业或整个市场而言并不是；国内市场新是指产品或工艺对于国内市场而言是全新的或有重大改进的，但对于国际市场而言并不是；国际市场新是指产品或工艺在世界范围内是全新的或有重大改进的。国际市场新的产品或工艺同时一定也是国内市场新和本企业新的；国内市场新的产品或工艺同时一定也是本企业新的。

**营业收入**：指企业经营主要业务和其他业务所确认的收入总额，包括“主营业务收入”和“其他业务收入”。来源于会计“利润表”中“营业收入”项目的本年累计数。

**利润总额**：指企业生产经营活动的最终成果，是企业在一定时期内实现的盈亏相抵后的利润总额（亏损以“－”号表示），它等于营业利润加上补贴收入加上投资收益加上营业外净收入再加上以前年度损益调整。

## 五、企业创新环境

**企业政府研发资金**：指企业 R&D 经费内部支出中来自各级政府部门的各类资金。

**研究开发费用加计扣除减免税**：指企业在报告期按有关政策和税法规定税前加计扣除的研究开发活动费用所得税。

**认为企业研发费用加计扣除政策效果明显的企业**：指认为企业研发费用加计扣除政策对企业创新的影响程度为“效果明显”的企业。

**高新技术企业减免税**：指高新技术企业在报告期按照国家有关政策依法享受的企业所得税减免额。

**认为高新技术企业减免税政策效果明显的企业**：指认为高新技术企业减免税政策对企业创新的影响程度为“效果明显”的企业。

**企业全国技术市场成交合同数**：指技术市场交易活动中报告期签订成立的技

术合同的数量。技术交易形式包括技术转让、技术咨询、技术服务、技术培训、技术承包、技术入股、技术中介、合资经营以及组织各种形式的科研、生产联合及区域性经济和技术开发规划等。

**企业全国技术市场成交金额:**指技术市场交易活动中报告期签订成立的技术合同的价款中扣除非技术性部分(例如项目承包合同金额中的原材料、设备购置费用、厂内运输、辅助人工等费用)后的技术性部分。

# 附录2　数据来源说明

本报告的数据来源主要包括:《中国科技统计年鉴》《企业研发活动情况统计资料》《全国企业创新调查年鉴》《中国统计年鉴》《中国高技术产业统计年鉴》等。

《中国科技统计年鉴》是国家统计局社科文司和科技部战略规划司共同编辑的反映我国科技活动情况的统计资料书,收录了全国31个省、自治区、直辖市以及国务院有关部门年度科技统计数据。

《企业研发活动情况统计资料》由国家统计局社科文司编撰,收录了全国及31个省、自治区、直辖市年度规模以上企业科技活动主要统计数据,是一部较为全面反映我国企业科技活动开展情况的统计资料书。

《全国企业创新调查年鉴》由国家统计局社科文司编辑出版,收录了全国及31个省、自治区、直辖市年度企业创新调查主要统计数据,是较为全面反映我国当前企业创新开展情况的统计资料书。

《中国统计年鉴》由国家统计局编撰,系统收录全国和各省、自治区、直辖市经济、社会各方面统计数据,全面反映我国经济社会发展情况的资料性年刊。

《中国高技术产业统计年鉴》由国家统计局社科文司编辑出版,收集了我国高技术产业生产经营、研发及相关活动、固定资产投资等资料以及相关的国际比较数据,较为全面地描述了我国高技术产业发展的基本状况。